BRIGITTE DEMELBAUER

AUF DER SUCHE NACH DEM WEG IN DIE ZUKUNFT

EINE REISE NACH INDIEN
EINE REISE ZU MIR SELBST

Die Autorin

Brigitte Demelbauer (damals noch Brigitte Kager) wuchs in Niederösterreich auf. Sie lebt seit vielen Jahren glücklich verheiratet mit Harald auf einem ehemaligen Bauernhof im Burgenland. Sie mag lesen, kochen, wandern, fotografieren, Radfahren. Ihre größte Leidenschaft ist es, zu reisen.

Brigitte Demelbauer

Auf der Suche nach dem Weg in die Zukunft

Eine Reise nach Indien
Eine Reise zu mir selbst

Rediroma-Verlag

Bibliografische Information der Deutschen Nationalbibliothek:
Die Deutsche Nationalbibliothek verzeichnet diese Publikation in der Deutschen Nationalbibliografie; detaillierte bibliografische Daten sind im Internet über http://dnb.ddb.de abrufbar.

ISBN 978-3-96103-358-4

Fotos: Rudolf Spies

www.rediroma-verlag.de
13,95 Euro (D)
14,50 Euro (AT)

Inhalt

Dieses Buch widme ich Rudi.

Es war einmal ...

ein Gedanke

Palmblattbibliotheken

In Indien gibt es besondere Bibliotheken. Dort befinden sich jedoch keine Bücher im herkömmlichen Sinn. In diesen Bibliotheken lagern beschriebene Palmblätter.

Vor etwa 5.000 Jahren ritzten indische Weise die Lebensläufe von Menschen, die im Laufe der Zeit diese Bibliotheken aufsuchen würden, auf Palmblätter ein.

Einer dieser Weisen war Bhagawan Sri Shuka Maharshi. Auf ihn geht die Palmblattbibliothek in Bangalore zurück. Vergangenheit und Zukunft der Ratsuchenden sind in eng beschriebenen Zeilen auf diesen Blättern eingeritzt. Der Legende nach hatte Bhagawan Sri Shuka Maharshi die Gabe, in der Akasha-Chronik zu lesen. In der Akasha-Chronik ist alles verzeichnet, was war, was ist und was sein wird.

Alle 800 Jahre wird der Inhalt dieser Palmblätter von den Verantwortlichen auf frische Blätter übertragen, da die alten Blätter mit der Zeit brüchig werden.

Das Lesen beruht auf einer Familientradition. Sie wird vom Vater auf den ältesten Sohn übertragen.

Die derzeitige Verantwortung für die Shuka-Nadi-Palmblätter in Bangalore liegt in den Händen von Mr. Gunjur Sachidananda Murthy.

Er ist es auch, der den Besuchern der Bibliothek das für sie bestimmte Palmblatt interpretiert. Dabei übersetzt er das indische Original der Palmblätter in die englische Sprache.

Wie kann man sich die Inhalte der Palmblätter erklären? Gibt es eine Dimension, wo Zeit nicht als Ablauf existiert, sondern permanent? Geschieht alles gleichzeitig? Ist unser Schicksal festgelegt? Oder wird es jetzt gerade durch unsere momentanen Handlungen verursacht? Legen wir unser Schicksal in der Gegenwart fest, wodurch es vor 5.000 Jahren – also auch jetzt gerade – aufgeschrieben wird?

Wie kann es sein, dass 5.000 Jahre vor unserer Zeitrechnung auf Palmblättern Inhalte eines derzeitigen Lebens festgehalten wurden?

Sind wir am Ende allen Seins bereits angelangt? Und stehen wir am Anbeginn von Allem? Gleichzeitig?

Wir nehmen den Ablauf des Lebens als Reihenfolge wahr: Geschehenes ist vorbei, Gegenwärtiges passiert, Zukünftiges wird kommen.

Von einer höheren Ebene aus betrachtet könnte es auch so sein, dass Vergangenheit, Gegenwart und Zukunft gleichzeitig existieren. Zeit wäre als Illusion erkennbar. Wir wären bereits angekommen am Ziel unseres Seins.

Es liegt bereits sehr viele Jahre zurück, da ich zum ersten Mal über die Palmblattbibliothek las, die es in Bangalore gibt. Ich wusste bereits damals, dass ich irgendwann an diesen Ort reisen würde, um mein Palmblatt lesen zu lassen. Dies war kein dringender Wunsch, sondern ein inneres Wissen, dass es eines Tages so sein wird.

In diesen früheren Zeiten lebte ich mit meinem Mann Franz in einem kleinen Dorf, in dem auch Rudi mit seiner Frau wohnte. Wir arbeiteten alle vier in derselben Firma und trafen uns ab und zu auch in der Freizeit.

Wir sprachen hin und wieder darüber, dass es eine Palmblattbibliothek in Bangalore gibt. Doch keiner von uns zog in diesen Zeiten ernsthaft in Erwägung, dorthin zu reisen. Franz äußerte damals, wie man wohl reagieren würde, wenn man dorthin reist und erfährt, dass man nicht mehr nach Hause kommen wird. Würde man das Flugzeug meiden? Und wenn ja, würde man weiterleben? Paradox!

Heute weiß ich, dass die Reise zur damaligen Zeit nicht notwendig war. Ich glaube, dass jemand eine Reise zu diesem Ort unternimmt, wenn er sie braucht.

Sterben

Die letzten Worte, die wir miteinander sprechen, gelten unserer Liebe zueinander, dann verliert er das Bewusstsein. Franz stirbt an einem hellen, kalten Tag im Februar 1996 an einer plötzlich auftretenden Hirnmasseblutung mit Ventriceleinbruch. Er stirbt so, wie er es sich einst wünschte: schnell und schmerzlos.

Vom Himmel schweben sachte dicke Schneeflocken herab. Ich stehe still und leise vor dem Krankenhaus. Kein Mensch ist zu sehen, ich bin hier alleine. Tief in meinem Inneren fühle ich mich getröstet und gestreichelt. Ich spüre seine Liebe. Ich bin zutiefst traurig und weine bitterlich.

Hätte ich erkennen müssen, dass er sterben würde? Die Antwort lautet eindeutig: ja.

Es gab mehrere Zeichen, doch ich verstand sie zum damaligen Zeitpunkt nicht. Rückblickend betrachtet waren sie jedoch offensichtlich erkennbar. Wir beide hatten es intuitiv gewusst.

Im Jänner 1996, einige Wochen vor Franz‘ Tod, reisten wir nach Hongkong. Die blau strahlende Skyline wird mir immer in Erinnerung bleiben. Es ist wohl das Meer, das sie blaufärbig scheinen lässt. Bereits in dieser Stadt hatte ich das Gefühl, als seien wir bewusster als sonst. Es fühlte sich an, als sollten wir etwas wissen, das noch nicht greifbar war. Franz sagte zu mir in seinem Traum, den er mir später erzählte, dass er fest davon überzeugt sei, dass ich über etwas Bescheid wüsste und ihm mein Wissen mitteilen solle.

Nach einigen Tagen reisten wir weiter nach Thailand zur Insel Phuket. Beim Besuch eines Mönches in einer Höhle segnete dieser drei Personen, darunter befanden sich auch Franz und ich. Besonders für Franz war das eine bedeutsame Begebenheit.

Ich erinnere mich daran, als Franz auf dem Balkon unseres Hotelzimmers saß und in die Ferne blickte. Es hatte den Anschein, als sei er voll und ganz im Jetzt.

In unserem Hotel in Phuket lernten wir Ying kennen. Sie arbeitete dort als Serviererin und wir freundeten uns an. In ihrer Freizeit zeigte sie uns die Umgebung. Die Verständigung war nicht ganz einwandfrei, denn wir waren alle drei keine Profis in der englischen Sprache.

Einen Nachmittag verbrachten wir gemeinsam am Strand. Sie trug beim Baden ein hochgeschlossenes schwarzes Shirt, das bis zu ihren Ellenbögen reichte, und eine schwarze Hose, die knapp unter ihren Knien endete. Wir verbrachten fröhliche Stunden und unterhielten uns, so gut es ging. Dann erzählte sie uns etwas und begann, zu weinen. Es war uns nicht ganz klar, was der Anlass dafür war. Ihre Sprachkenntnisse reichten nicht aus, um uns den Grund mitzuteilen. Wir wussten, dass sie weit weg von ihrem Zuhause und ihrer Familie war, vielleicht hatte sie Heimweh.

Eines Tages schenkte mir Ying ein Armband mit einem großen bunten Stein. Franz erhielt ein Armband aus kleinen türkisen Steinen.

An ihrem 19. Geburtstag luden wir Ying zum Essen ein. Obwohl wir uns nicht fließend in Englisch unterhalten konnten, erlebten wir eine lustige Kommunikation. Vielleicht war es auch gerade deswegen so spaßig. Wir zeigten auf einen Gegenstand, benannten ihn in unserer Sprache und Ying wiederholte das Wort. Dann teilte sie uns die thailändische Vokabel mit und Franz und ich wiederholten diese. Wir hatten total viel Spaß und verstanden uns bestens. Franz und ich schenkten Ying zu ihrem Geburtstag eine goldene Halskette mit einem Anhänger.

Nach dem Essen lud sie uns in eine Karaoke-Bar ein. Ying nahm das Mikrofon und sang ein Lied. Sie hatte eine wunderbare Stimme.

Wir verstanden uns so gut, als würden wir uns schon ewig kennen. Es existierte eine intensive Vertrautheit zwischen uns dreien, die äußerst selten im Leben auftritt. Für uns fühlte es sich an, als sei sie unsere Tochter und wir ihre Eltern.

Franz entwickelte den Gedanken, Ying nach Österreich einzuladen. Er sagte, dann hätte ich eine beste Freundin, die für mich da ist, wenn er einmal nicht mehr lebt. Ich fand diesen Gedanken sehr ungewöhnlich und wusste nicht, was ich von seiner Aussage halten sollte.

Es ist eine Sache, so zu tun, als sei sie unsere Tochter. Aber es ist etwas anderes, sie tatsächlich in unsere Familie aufnehmen zu wollen.

Wir beschlossen, dass wir diesen Gedanken nicht in die Tat umsetzen würden. Ich fand diese Idee zu abwegig.

Rückblickend betrachtet machte seine Idee Sinn. Wenn es wirklich so war, dass er sich auf einer bestimmten Ebene seiner baldigen Sterblichkeit bewusst war, dann war sein Gedanke, mich nicht alleine zurücklassen zu wollen, plausibel.

Jedoch ergab es sich dann so, dass ich in meiner Trauer das Alleinsein bevorzugte.

Eines Abends in Phuket beschloss Franz, einen Hummer zu essen. Vor den Lokalen gab es große Gefäße, worin sich lebende Meerestiere wie Krabben, Langusten und dergleichen befanden. Als Gast suchte man sich ein Tier aus und der Koch bereitete es zu. Franz ließ sich das Tier schmecken. Diese Mahlzeit war etwas Besonderes für ihn.

Franz kaufte eine Buddhafigur aus Jade. Er besaß bereits einen Elefanten und eine kleinere Buddhafigur aus diesem Material.

An jedem Tag in diesem Urlaub kaufte er sich ein T-Shirt. Er liebte es, mit den Verkäufern um die Preise zu feilschen.

An einem Abend saß am Gehsteig ein junger Bettler ohne Beine und ohne Arme. Er strahlte eine natürliche Freundlichkeit aus. Ich legte ihm einige Geldstücke hin. Er sprach freundlich, ruhig und mit einem herzlichen Lächeln: „Thank you. Good evening.“ Welche Ruhe dieser Mensch ausstrahlte, welch inneres Leuchten in ihm zu sehen war.

An unserem letzten Urlaubstag saß Franz am Strand und sah in die Ferne. Es schien, als nehme er diesen Anblick bewusst tief in sich auf, so, als würde er die Endgültigkeit erahnen. Er strahlte eine tiefe innere Ruhe und Gelassenheit aus.

Ying hatte Dienst, daher verabschiedeten wir uns im Restaurant. Sie weinte, während wir uns zum Abschied umarmten. Einer ihrer Kollegen hieß Pom. Auch ihn lernten wir in den letzten zwei Wochen kennen. Man sah Pom an, dass er überlegte, was er uns zum Abschied schenken könnte. Er griff zu einem Stoß Servietten, die in der Nähe auf einem Pult lagen und drückte einige davon in unsere Hände. Das war seine freundliche Idee, uns seine Wertschätzung zu zeigen.

Franz bezeichnete diesen Urlaub als den schönsten, den wir je hatten. Wir vereinbarten, dass wir dieselbe Reise in einem Jahr wiederholen würden.

Zu Hause blätterte er all unsere Fotoalben durch. Dann nahm er die Schachtel mit den noch nicht eingeordneten Fotos der letzten Jahre und sortierte sie dem zeitlichen Ablauf entsprechend.

Auf seinen Wunsch hin besuchten wir bestimmte Menschen in unserem Verwandten- und Bekanntenkreis, die wir ansonsten eher selten trafen.

Eine Woche vor seinem Tod waren wir in Wien zum Geburtstag seiner Omi eingeladen. Es war ein großes Zusammentreffen mit der gesamten Verwandtschaft. Nach der Feier hatte Franz den Wunsch, einen Spaziergang zu McDonald's zu machen und dort einen Burger zu essen. Ich begleitete ihn dorthin.

Einen Tag vor seinem Tod waren wir bei Ernestines Begräbnis. Sie war eine Bekannte von uns und starb plötzlich. Ernestine war aus der Kirche ausgetreten und deswegen fand die Zeremonie in der Aufbahrungshalle und nicht in der Kirche statt.

Noch heute sehe ich das Bild vor mir, wie Franz an der Mauer vor der Halle steht, eingehüllt in seinen Mantel, nachdenklich vor sich hin blickend.

Nach dem Begräbnis saßen wir bei seiner Schwester zu Hause im Wohnzimmer. Franz war, wie Ernestine, ebenfalls aus der Kirche ausgetreten. Er sagte, wenn er wüsste, dass er morgen sterben würde, dann würde er sofort wieder in die Kirche eintreten, denn er möchte nicht in einer Aufbahrungshalle verabschiedet werden. Er sagte, er wünsche sich ein ordentliches Begräbnis in der Kirche.

Am nächsten Tag starb Franz.

Ich schreibe ein Gedicht für Franz:

Du liegst hier, ich seh‘ dich an.
Die Herzen weinen, wir spür‘n das Band.
Voll tiefer Wärme schmieg‘ ich mich
mit aller Liebe eng an dich.
Will deinen Körper an mir spüren
und deine Haut ganz sanft berühren.
Du bist so kalt, ich will dich wärmen.
Möcht‘ mich nie mehr von dir entfernen.
Deine Augen tropfen still und leise Tränen.
Du zeigst mir damit – Abschied nehmen.
Es ist nun Zeit für dich, zu gehen.
Wir werden uns einst wiedersehen
in einer wunderschönen Welt,
da uns das Band zusammenhält.
Voller Liebe sterbe ich mit dir
und du lebst weiter hier in mir.
Vom Himmel schwebt der weiße Schnee
in dichten Flocken soweit ich seh‘.
Ganz still und leise steh‘ ich hier
und fühle ganz tief Gott in mir.
Du umarmst mich tröstend sanft und still.
Ich spür‘ deine Liebe, dein Gefühl.
Ich weiß, dass alles richtig ist
– und dass du nun zu Hause bist.

Ich war 30 Jahre, als ich Witwe wurde.

Begräbnis

Als ich mit meiner Schwägerin das Bestattungsinstitut betrete, kommt uns ein seriöser ernst aussehender Herr entgegen. Er trägt einen dunklen Anzug und reicht mir mit einfühlsamer Geste seine Hände zum Gruß. Ich fühle mich durch die Anteil nehmende Art dieses Herrn hier gut aufgenommen und geborgen.

Beim Besprechen der Formalitäten beginne ich immer wieder zu weinen. Ich beschließe, Franz in Jeans und einem seiner neuen T-Shirts beerdigen zu lassen. Außerdem soll er die kleine Jade-Figur bei sich tragen, die er in Asien kaufte. Ich weiß, dass ihm das so gefallen hätte. Da es kalt ist, wird er einen Pullover tragen. Ich weiß, dass dies nicht von Belang ist, aber ich will es so.

In den ersten Tagen nach Franz' Tod glaube ich häufig, dass es nur ein Traum sei. Oft scheint mir die Wirklichkeit irreal zu sein. Dann halte ich inne und mache mir klar, dass alles wahr ist.

Am Morgen des Tages, da das Begräbnis stattfindet, ist es mir ein Bedürfnis, einen Brief an Ying zu schreiben und ihr darin mitzuteilen, dass Franz gestorben war. Danach fahre ich zum Friedhof.

Wenige Tage vor dem Begräbnis stattete ich dem Pfarrer einen Besuch ab. Ich erzählte ihm von den Worten meines verstorbenen Mannes bezüglich des Kircheneintrittes. Der Pfarrer meinte, wenn jemand diesen Wunsch hatte, dann gilt das, als wäre man wieder eingetreten. Somit stand einer kirchlichen Verabschiedung nichts im Wege.

Jedoch meinen Wunsch, Franz‘ Lieblingslied am Grab spielen lassen zu wollen, gebot der Pfarrer Einhalt, nachdem ich ihm Ludwig Hirschs „In deiner Sprache“ vorgespielt hatte. Er meinte, das sei ein Katzengeheul und das könne er nicht erlauben. Offensichtlich hatte er nur die Sprache des Wales gehört und nicht auf den nachdenklich machenden Text geachtet.

Diese Tiefsinnigkeit war ihm deswegen entgangen, da er sich während der Anhörung des Liedes mit einer Person unterhielt, die den Raum betreten hatte.

Wenn ich gewusst hätte, wie dieser Pfarrer die Messe gestalten würde, hätte ich mich sowieso nicht darauf eingelassen.

Bei der Besprechung des Begräbnisablaufes erzählte ich dem Pfarrer von Franz‘ guten Eigenschaften und aus seinem Leben, damit er beim Begräbnis anerkennenswert über meinen verstorbenen Mann sprechen könne.

Jedoch spricht der Pfarrer während der Messe kein einziges Wort darüber, stattdessen erzählt er von Kirchenaustritten und Kircheneintritten. Noch nie habe ich einen Pfarrer soviel Schwachsinn reden gehört wie bei diesem Begräbnis.

Während der Begräbniszeremonie überlege ich, ob ich den Pfarrer zur Rede stellen soll, damit er mit seinen taktlosen Worten aufhört, oder ob ich aufstehen und die Kirche verlassen soll.

Ich tue nichts dergleichen. Die Tatsache, dass Franz in seinem Sarg hier in der Kirche aufgebahrt liegt, veranlasst mich, zu bleiben. Ich sage nichts, bleibe sitzen und gedenke in tiefster Liebe und in all meiner Traurigkeit meines verstorbenen Mannes. Den Pfarrer lasse ich weiter seinen Schwachsinn schwafeln.

Als ich später beim Grab stehe und das sehr tiefe Loch sehe, in das die Bestatter langsam den Sarg hinunterlassen, wird mir die Endgültigkeit von Franz' Tod noch ein Stück mehr bewusst. Die Schleusen öffnen sich wieder und ich weine bitterlich.

Die Kondolenz der Trauergäste tut mir gut. So viele Menschen sind gekommen, um sich von Franz zu verabschieden und mir die Hand zur Trauerbekundung zu reichen.

Ich danke allen dieser guten Menschen und auch jenen, die mir in der vergangenen Woche Trauerbillets in den Postkasten warfen, von ganzem Herzen. Die vielen Beileidsschreiben zu öffnen und zu lesen tröstete mich wirklich sehr.

Die Uhr

Einige Zeit vor Franz' Tod besuchte ich ihn in seinem Büro. Sein Freund und Arbeitskollege Imed war auch anwesend. Franz besaß eine Uhr. Sie war teuer gewesen und er trug sie mit Stolz. Franz teilte uns damals mit, dass die Uhr Imed gehören solle, falls er sterben würde.

Ich überreichte Imed die Uhr einige Tage nach Franz' Tod, doch da wollte er sie nicht annehmen. Zu tief war seine Erschütterung über den Tod seines Kollegen und Freundes. Daher trug ich die Uhr einige Zeit selber.

Nun gebe ich sie Imed mit den Worten, dass es der Wille von Franz war und ich darauf bestehe, dass er die Uhr bekommt.

Imed nimmt die Uhr wertschätzend dankend an.

Trauer

„Franz, ich vermisse dich. Ich liebe dich so sehr. Es wäre schön, könnten wir uns sehen und miteinander reden. Wir haben ein inneres Band. Wir haben uns gesucht und gefunden.“

Ich leide. Ich weine. Ich bin tieftraurig. Franz ist tot. Franz ist drüben und ich bin da. Warum bin ich noch da? Ich hoffe, auch bald zu sterben. Vielleicht geschieht etwas, damit ich auch bald drüben bin. Dort, wo Franz ist. Nicht, dass ich mir etwas antun werde, aber möglicherweise sieht mein Schicksal etwas Derartiges vor. Ich lebe nur von einem Tag zum anderen. Ich leide furchtbar.

Winter, Schnee, Ruhe, Stille, Schneeflocken, Erinnerung, Fühlen, Innigkeit, Band, Einsamkeit, Traurigkeit, Alleinsein. Liebe für ewig, Liebe für immer. Die Liebe im Herzen bleibt.

Es gibt Menschen, mit denen ich reden kann. Es gibt Menschen, denen ich meine Gefühle anvertrauen kann. Es gibt Menschen, die imstande sind, mich zu trösten. Es gibt Menschen, an die ich mich anlehnen und bei denen ich weinen kann.

Ich danke allen Menschen von Herzen, die für mich da sind oder da sein wollen. Jeder dieser Menschen hilft mir. Jeder auf seine Weise.

Vor allem danke ich meiner Schwägerin, ihrem Mann und ihren vier Kindern. Ich werde nie vergessen, dass sie für mich da sind.

Ich durchlebe den Schmerz meines Lebens. Nichts wird mich je so tief treffen können wie der Tod meines geliebten Mannes. Ich weine fast nur. Ich klammere mich an unsere Liebe fest. Sie soll für immer gegenwärtig sein. Ich halte an den vergangenen Jahren fest. Jahre, die Franz und mir gehörten.

Wir lernten einander kennen, da war ich 19 und er 27 Jahre. Zwei Jahre später erfolgte unsere Hochzeit. Wir führten ein glückliches, zufriedenes Leben und waren uns dessen bewusst. Da er mir seine Liebe beweisen wollte, heirateten wir noch einmal, und zwar am 31. Dezember 1993 in Las Vegas, Nevada.

Franz war ein lustiger und fröhlicher Typ. Er stellte sich anderen Menschen oft vor mit den Worten: Franz Kager, Mitteleuropa. Er sah gerne Al Bundy in „Eine schrecklich nette Familie“. Er verehrte die Tennisspielerin Steffi Graf. Er las die Zeitschrift „News“. Er mochte Cola-Rum. Er bevorzugte Markenkleidung, vor allem die Krokodilmarke „Lacoste“. Eines seiner Hobbys war es, Kaffeehäferln zu sammeln. Er brachte es auf über

300 Stück. Es gibt keine doppelten, alle sind verschieden voneinander. Er liebte es, mit mir zu verreisen. Wir kamen ganz schön herum auf dieser Welt.

Mir fällt ein, was er früher oft humorvoll sagte: „Ich bin so gescheit, und so ein kluges Gehirn muss einmal verfaulen!“ Manchmal sprach er: „Wenn ich einmal tot bin, dann können sie meine Organe für Menschen verwenden, die sie benötigen. Falls jemand aufgrund meiner Organe weiterleben kann, dann wird mein Tod einen Sinn gehabt haben.“

Franz hat mich bereits während seines Lebens getröstet. Lange vor seinem Tod sprach er zu mir: „Wenn man tot ist, wird man schnell vergessen. Der Tod eines Menschen macht betroffen, doch nur für kurze Zeit. Das ist so und das ist normal. Du wirst um mich weinen und trauern, doch nicht immer. Die Zeit heilt deine Wunden und das ist gut und richtig so. Du wirst mich nie vergessen. Du wirst mich immer im Herzen haben. Doch du wirst weiterleben. Du wirst wieder glücklich sein. Das ist gut so. Du wirst einmal eine junge Witwe sein. Pass gut auf dich auf, wenn ich einmal nicht mehr da bin. Hab’ ein gesundes Misstrauen. So einen seelenguten Kerl wie mich gibt’s nicht oft.

Du wirst weiterleben und nach Schmerz und Trauer wieder glücklich sein. Du wirst einmal eine Familie haben. Du wirst einen Mann haben. Du wirst ein Kind haben.“

Eines Abends höre ich ein leises Flüstern und spüre ein sanftes Streicheln. Ist es ein Traum oder ist es die Wirklichkeit? Ich spüre es wahrhaftig.

Alles ist jetzt. Alles ist gleichzeitig. Zeit existiert nicht, Zeit ist. Vielleicht träumen wir dieses Leben nur. Alles ist Schwingung. Es gibt grobe Schwingungen und feine Schwingungen. Es handelt sich um verschiedene Nuancen der Schwingungen.

Ich bin traurig über meinen Verlust und glücklich über das Schöne, das wir erlebt haben. Ich lache, wenn ich an die vielen lustigen Begebenheiten denke und bin nachdenklich, wenn ich über den Sinn des Lebens grüble. Ich denke an die Vergangenheit und bin orientierungslos bezüglich der Zukunft. Ich weiß, wie ich nicht leben will. Ich weiß nicht, wie ich leben will.

Eines Tages höre ich im Café Melange das Lied „When I Die“ von der Gruppe No Mercy. Ich kaufe mir die CD und übersetze den Text. Für mich ist eindeutig klar, dass der Song ein Geschenk von Franz an mich ist.

„Don't Cry“ von Guns N‘Roses tröstet mich ebenfalls in meiner Trauer.

Für Jänner 1997 buche ich eine Reise nach Hongkong und Phuket in denselben Unterkünften wie bei unserer letzten gemeinsamen Reise. Das scheint mir hilfreich für meinen Trauerprozess zu sein.

Gedanken

Die Reisen nach Hongkong und Phuket sind heilsam für mich. Ich denke viel an Franz, an die schönen Jahre, an diese gute und intensive Zeit mit ihm. Ich bin glücklich und ich bin traurig. Es war eine gute Entscheidung, auf den Spuren unserer letzten Urlaubsreise zu wandeln.

Ying und Pom arbeiten nicht mehr im Hotel.

Im Laufe der nächsten Monate gewinne ich an Zuversicht, Konsequenz, Mut und Stärke. Wir alle kommen und gehen. Machen wir das Beste daraus. Wir sind hier, um zu lernen, das Leben leichter und gelassener, aber doch ernst zu nehmen und sich immer weiter zu entwickeln.

Ich möchte mich alleine, ganz woandershin, zurückziehen, ohne Verpflichtungen. Ich möchte innehalten, denken, schreiben. Ich möchte einen Schritt zurücktreten von der Welt des Hetzens und der Schnelllebigkeit. Ich brauche diese Zeiten des Innehaltens, des in mich Schauens, des Loslassens, des Seins, des Fühlens in mich Selbst.

Mein Leben hat einen Sinn, aber ich muss ihn noch finden.

Ich kündige meinen Job als Büroangestellte, der für mich keinen Sinn mehr macht. Die Entscheidung treffe ich während einer Besprechung, in der es um Wachstum und Gewinnmaximierung geht. Selbstverständlich ist das für unsere Wirtschaft wichtig. Ich jedoch möchte bedeutsamere Werte in den Mittelpunkt meines Lebens stellen.

Wenige aus meinem Familien-, Freundes- und Bekanntenkreis verstehen meine Entscheidung. Unzählige Male höre ich folgende Sätze: Wie kannst du in Zeiten wie diesen deinen Arbeitsplatz kündigen? Du verdienst doch so gut. Die Firma liegt nahe deiner Wohnung. Warum gibst du das auf?

Diesen Menschen geht die vertraute Sicherheit über alles. Doch was bedeutet Sicherheit? Franz verlor auf der Wohnzimmercouch sein Bewusstsein und starb kurz darauf im Krankenhaus. Es gibt keine wirkliche Sicherheit. Das Leben will gelebt werden. Mein Leben wird nicht in den bisher gewohnten Bahnen weiterverlaufen.

Ich will mein Leben so leben, wie ich es für richtig halte. Ich mag mich mit meinen Stärken und Schwächen. Ich versuche, meine guten Seiten zu verbessern und aus meinen Fehlern zu lernen.

Ende Juni, wenige Tage nach meinem letzten Arbeitstag, fliege ich nach Paris. Meine Unterkunft befindet sich am Fuße des Montmartre.

Ich genieße die Anonymität und das Alleinsein. Ich gewinne neue Eindrücke. Je authentischer ich lebe, desto glücklicher bin ich. Es regnet. Ich empfinde Geborgenheit. Nach dem tröstenden Regen scheint die strahlende Sonne. Ich fühle mich entspannt und gelassen.

Ich bin ich selbst, wenn ich alleine bin. Ich mache das, wonach ich mich fühle. Ich bin frei von Verpflichtungen. Ich kann dies derzeit am Besten in neuen Städten, in der Anonymität, bei neuen Eindrücken. Ich bin in der Phase der Neuorientierung. Ich verändere mich. Ich mag fremde Städte, fremde Kulturen, fremde Plätze, die mir inzwischen vertraut sind. Es sind viele Touristen hier und doch ist man allein. Ich höre Musik spielen und Menschen in mir fremden Sprachen reden.

Insgesamt verbringe ich in diesem Sommer drei Wochen in Paris. Ich tu so, als würde ich hier leben. Ich gehe in den Parks der Stadt spazieren und höre auf meinem Walkman die Songs, die ich im letzten Jahr auf eine Musikkassette aufgenommen hatte. Alle Lieder passen genau zu mir und meiner Traurigkeit.

Ich habe meinen Arbeitsplatz aufgegeben. Ich wäre bereit, meine Wohnung aufzugeben. Ich denke daran, wegzuziehen und mein Leben neu zu gestalten. Ich bin offen für Neues. Egal wo. Es muss passen. Ist es nicht da, ist es woanders. Mein Ort ist mir zu eng.

Man muss Schlussstriche ziehen können. Man soll sich seiner Selbst so sicher und wichtig sein, dass man unnötige und unbrauchbare Gegebenheiten abschließt und sein eigenes Leben weiterlebt.

Begegnung

Als ich im Herbst 1997 das Lokal Vis-a-Vis betrete, sitzt Rudi an einem Tisch und sieht mich überrascht an. Er fragt mich: „Wieso kommst du jetzt bei der Tür herein?“

Auf meinen fragenden Blick antwortet er mir, dass er mich hergedacht habe.

Wir hatten uns schon lange nicht gesehen. Er teilt mir mit, dass seine geliebte Frau gerade im Begriff sei, ihn eines anderen wegen zu verlassen und die Scheidung einzureichen.

Ihre gemeinsame Tochter würde sich ebenfalls scheiden lassen. Dazu kommt noch, dass Rudis Vater vor einiger Zeit gestorben war. Es ist ein Tiefpunkt in Rudis Leben.

Wir tauschen unsere Telefonnummern aus.

Von da an beginnen wir, uns zu treffen und miteinander zu reden. Ich bin meistens bei Rudi zu Hause. Wir sitzen bis spät in die Nacht und sprechen stundenlang über Gedanken und Gefühle, über Wissenschaft und Mystik. Wir haben beide viel zu sagen. Unsere Freundschaft wächst.

Ich verstehe, was in Rudi vorgeht und was er mir zu sagen hat über sein Leid. Das Verstehen und das Zuhören ist in dieser Zeit das Wichtigste in unserer Freundschaft. Wir sind füreinander da, als wir uns am Dringendsten brauchen.

Wir haben aber auch Spaß zusammen. Es gibt Zeiten, wo wir durch die Stadt bummeln und uns einige Biere genehmigen. Es gibt Zeiten, wo wir in Rudis Haus sitzen und Nuri-Ölsardinen essen. Immer, wenn ich sein Haus betrete, sagt Rudi zur Katze namens Rantanplan: „Schau, Plani, die Gitti ist da."

Da Rudis Frau bei ihrem Auszug den fast gesamten Bestand an Küchenutensilien mitgenommen hatte, improvisieren wir mit dem, was vorhanden ist.

Eines kalten Tages steht Teekochen an der Tagesordnung. Wir haben keine Teebeutel, sondern Tee, den man in heißem Wasser ziehen lässt und dann abseiht. Da wir weder ein Tee-Ei noch ein Sieb zur Verfügung haben, erfolgt das Abseihen mit einem Kaffeefilter. Die Frankfurter Würsteln wärmen wir in der Mikrowelle auf. Wir sind stolz auf unser Improvisationstalent.

So vergehen die Tage und Wochen. Eines Abends philosophieren Rudi und ich über unsere ungewisse Zukunft. Unsere beiden Leben hatten sich drastisch verändert.

Ich trage meine Trauer um Franz in mir, denke an die Vergangenheit und nicht an die Zukunft. In diesen Zeiten ist die Wohnung für mich ein Tempel der Vergangenheit. Ich lebe allein in der Wohnung, aber sie gehört nach wie vor Franz und mir. Seine Sachen sind alle noch vorhanden. Natürlich ist mir absolut klar, dass dies völlig absurd ist. Doch ich fühle mich wohl, umgeben von all seinen persönlichen Gegenständen und seiner Kleidung. Auf diese Weise lebe ich und habe keine bestimmten Zukunftsperspektiven.

Rudis Trauer liegt natürlich auf einer ganz anderen Ebene. Er ist durch die Scheidung von seiner Frau nach 25 Jahren des Zusammenlebens sehr belastet und wird mit der Art und Weise der Trennung schwer fertig.

Wir stehen beide an einem Punkt unseres Lebens, wo uns die Orientierung fehlt. Wie wird unsere Zukunft aussehen?

Rudi sagt, dass unsere Lebensgeschichten in der Palmblattbibliothek, die sich in Bangalore befindet, aufgeschrieben seien und wir nur nachsehen müssten. Die Adresse dieser Bibliothek stehe in Johannes von Buttlars Buch „Zeitriss“. Wir besiegeln mit einem Handschlag, dass wir hinreisen würden.

Der Stein ist ins Rollen gebracht. Das Ereignis nimmt seinen vorgesehenen Lauf.

Jahresabschlussgedanken

Ich fahre auf den Friedhof und spiele Franz mit meinem Walkman das Lied von Ludwig Hirsch „In deiner Sprache“ vor.

Wenn ich aus dieser Welt sterbe, will ich mein Leben so gelebt haben, wie ich es leben wollte, und nicht, wie andere es von mir erwartet haben.

Meine Gedanken und Pläne, meine Gefühle und meine Lebensansichten unterscheiden sich drastisch von der gesellschaftlichen Meinung. Seit Franz gestorben ist, suche ich einen Sinn, um zu leben. In der Zeit meiner Trauer erlebe ich meine innere Stärke, meine innere Gelassenheit. Ich erfahre ein Wissen um die Gesetzmäßigkeiten von Leben und Tod. Ich erfasse die Bedeutung von so vielem. Ich verstehe, dass alles einen Sinn hat. Wir alle können dies erfahren, wenn wir in uns selbst sehen. Es gilt, den eigenen Sinn zu finden.

Seit ich auf mein inneres Selbst höre, fühle ich mich wohl und auf dem richtigen Weg. Dadurch, dass ich spüre und weiß, was ich will, habe ich bestimmte Entscheidungen getroffen, die meinem Leben einen Sinn verleihen. Diese Entscheidungen traf ich aufgrund eines Wissens in mir selbst. Ich lebe meine Trauer, wie es für mich richtig ist.

Ich habe Reisen gemacht, die mich stärkten und die ich benötigte. Ich habe meinen Job gekündigt, der für mich keinen Sinn mehr hatte. Ich habe meine eigenen Ansichten über den Sinn des Lebens, über Freundschaften, über Selbstverwirklichung.

Ein guter Freund namens Tschinal sagt zu mir: „Du hast keine Angst vor dem Tod, darum hast du keine Angst vor dem Leben."

Jeder Mensch hat seine eigenen Lebensaufgaben, die nur er selbst lösen kann. Keiner hat das Recht, über das Leben eines anderen zu bestimmen oder dessen Lebensstil zu verurteilen. Und doch versuchen einige vehement, anderen ihre eigenen Ansichten aufzuzwingen. Dabei vergessen sie, dass sie ein eigenes Leben haben, das sie so leben können, wie sie selbst es für richtig halten.

Brainstorming

Ich will über den Sinn des Lebens nachdenken.
Ich will teilen mit Menschen, die es benötigen.
Ich will wahre Freundschaft.
Ich will losgelöst sein von materiellen Dingen.
Ich will losgelöst sein von Gedankenfixierungen.
Ich will tolerant denken.
Ich will mich frei entfalten.
Ich will akzeptieren und akzeptiert werden.
Ich will lieben und geliebt werden.
Ich will verstehen.
Ich will lebendig sein.
Ich will lachen.
Ich will fröhlich sein.
Ich will bewusst leben.
Ich will mir keine Goldfischgrenzen setzen.
Ich will körperlich und geistig beweglich sein.
Ich will spazieren gehen, joggen und wandern.
Ich will Rad fahren.
Ich will gesunde Ernährung.
Ich will mich in der Natur aufhalten.
Ich will mich entspannen.
Ich will gelassen sein.
Ich will das innere Universum sehen.
Ich will frei sein.
Ich will glauben.
Ich will hoffen.

Ich will nichts kontrollieren wollen.
Ich will so einfach wie möglich leben.
Ich will nicht tratschen und keine Urteile fällen.
Ich will mich zurückziehen und in mich gehen.
Ich will innerlich zufrieden sein.
Ich will mich auf wesentliche Dinge besinnen.
Ich will im Jetzt leben.
Ich will mein wahres Selbst erkennen.
Ich will schreiben.
Ich muss nicht alle Antworten kennen.
Ich will meditieren, mich auf eine höhere Ebene begeben, um zu erkennen und zu verstehen.
Ich will die Individualität der Menschen gelassen beobachten, ohne einzugreifen, und dennoch meine Denkweise und Gelassenheit ausstrahlen.
Ich will meine Meinung in Gesprächen und Taten mitteilen, ohne überzeugen zu wollen.
Ich will bezüglich meiner Lebenseinstellung niemandem Rechenschaft ablegen.
Ich will mein Karma annehmen und das Beste daraus machen.
Ich will die Ereignisse des Lebens, die sich mir anbieten, gelassen entgegennehmen.
Ich will jeden Menschen akzeptieren mit seinen Perspektiven und Lebensansichten.
Ich will meine Gedankenknoten lösen und vor allem keine neuen mehr knüpfen.
Ich will dankbar sein für das, was ich habe und für alles, was ich im Leben lerne und verstehe.

Ich will nichts erzwingen, ich lasse alles sich entwickeln.
Alles, was ich für mein Leben benötige, ist in mir zu finden, egal, wo ich bin.

Reisevorbereitungen

Rudi und ich beschließen, zuerst nach Bangalore zu reisen und dort eine Woche zu verbringen, um unser Vorhaben in der Palmblattbibliothek auszuführen. Danach werden wir einige Tage in Goa verbringen, um am Strand die Aufzeichnungen der Palmblattinformationen anzuhören und gedanklich zu verarbeiten. Anschließend werden wir Bombay erkunden und von dort den Rückflug nach Hause antreten.

Wir stellen die Route zusammen und holen aus allen Reisebüros der Stadt Flug- und Hotelangebote ein. Es gibt eine Vielfalt an Fluggesellschaften, welche Flüge nach Indien anbieten, und große Preisunterschiede. Wir erfahren, dass die Stadt Bombay vor einiger Zeit in Mumbai umbenannt wurde.

Rudi und ich wählen das Reisebüro Papageno und die niederländische Fluglinie KLM, denn diese ist um einiges billiger als andere Fluggesellschaften. Mit dieser Wahl wollen wir die Reisespesen senken, da die Zimmerpreise hoch sind. Wir buchen an jedem unserer Aufenthaltsorte zwei Zimmer. Dies ist mein Wunsch, denn ich will keine Situation heraufbeschwören, die zu Unstimmigkeiten führen könnte. Ich möchte jeden möglichen Gedanken in diese Richtung unterbinden.

Rudi und ich gehen nun öfter ins Reisebüro Papageno zu Frau Ilona Kovacsics, um die Hotelaufenthalte und die insgesamt sieben Flüge unter Dach und Fach zu bringen.

Wir entscheiden uns für die folgende Reiseroute:

- ✈ Wien-Amsterdam
- ✈ Amsterdam-Mumbai
- ✈ Mumbai-Bangalore
- ✈ Bangalore-Goa
- ✈ Goa-Mumbai
- ✈ Mumbai-Amsterdam
- ✈ Amsterdam-Wien

Frau Kovacsics hört fasziniert zu, als Rudi ihr den Grund dieser Reise erzählt, und sieht uns interessiert an. Sie hat noch nie von einer Palmblattbibliothek gehört.

Bei unserem nächsten Besuch erzählt sie uns, dass ihre indische Freundin Mandakini Pachauri – die aus Nordindien stammt, nun in Österreich verheiratet ist und hier lebt – ihr berichtete, dass es diese Bibliothek tatsächlich gibt.

Frau Mandakini Pachauri sagte ihr, dass sie selbst sich niemals dorthin begeben würde, um sich ihr Palmblatt vorlesen zu lassen, denn dann würde sie alles über ihr zukünftiges Leben und den Zeitpunkt ihres Todes erfahren, und diese Informationen würden ihr Unbehagen bereiten.

Frau Kovacsics übergibt uns eine Nachricht, die sie von Frau Pachauri erhalten hatte. In dieser Mitteilung befindet sich eine Kontaktadresse in Bangalore. Dorthin sollen wir gehen, um ein Treffen mit dem Leser der Palmblattbibliothek zu vereinbaren.

Nach diesen Besuchen im Reisebüro führt unser Weg jedes Mal ins Kaffeehaus Zuckergoscherl, um unser Vorhaben zu besprechen. Wir verspüren eine enorme Vorfreude auf diese außergewöhnliche Reise.

Rudi besorgt einen Indien-Reiseführer, welcher eine riesige Landkarte beinhaltet. Jedes Mal, wenn ich Rudi besuche, breiten wir diese auf dem großen Esszimmertisch auf, ganz einfach deswegen, weil wir unser Vorhaben vor Augen haben wollen.

Inzwischen wissen wir das Abreisedatum, nämlich Freitag, den 13. Februar 1998. Wir haben ein Ziel vor Augen. Wir sind locker und gelassen. Wir fühlen uns cool. Wir sind dabei, eine Reise vorzubereiten, die auf jeden Fall sehr ungewöhnlich werden wird.

Kein Mensch, mit dem wir sprechen, würde sich die Zukunft und das Todesdatum sagen lassen. Rudi will dies für sich an Ort und Stelle entscheiden. Ich weiß, dass ich es mir auf jeden Fall sagen lassen werde.

Als Nächstes besorgen wir uns die erforderlichen Impfungen. Rudi sucht seinen Hausarzt auf, um sich die Spritze gegen Typhus geben zu lassen. Ich nehme die Kapseln gegen Typhus ein, die von meinem letzten Urlaub noch übrig sind und zu Hause im Kühlschrank lagern.

Gegen die Hepatitis-Erreger haben wir beide schon seit längerer Zeit den 10-jährigen Schutz. Eine Malaria-Prophylaxe ist nicht notwendig in den Gegenden, wo wir uns aufhalten werden.

Nun ist noch der Impfschutz gegen Cholera erforderlich. Als ich diesen das letzte Mal benötigte, wurde der Impfstoff injiziert. In der Zwischenzeit hat die Pharmaindustrie ein Pulver entwickelt, welches laut Beschreibung in Wasser aufgelöst und nach einer exakt abzuwartenden Zeit auf einmal getrunken werden muss.

Wir gestalten diese Impfung wie eine Zeremonie in einer Hexenküche und haben überaus viel Spaß dabei, als wir dieses Gebräu zu uns nehmen. Wir blödeln danach über die vielen kleinen Cholera-Tierchen, die nun in unseren Innereien wohnen werden.

Während all dieser Ereignisse lebe ich mein Leben weiter und es verändert sich etwas:

Nach fast zwei Jahren ist es für mich an der Zeit, in der Wohnung manches auszusortieren. Einige Kleidungsstücke und ein paar Shirts, die Franz in Thailand kaufte, behalte ich, sein restliches Gewand bringe ich ins Obdachlosenheim.

Rudi lernt im Jänner eine Frau kennen. Als er mir von seiner neuen Bekanntschaft erzählt, denke ich mir, dass er nun einen Rückzieher von der Reise machen wird. Noch während er von seiner Freundin berichtet, stelle ich mich darauf ein, dass ich die Reise alleine unternehmen werde. Doch ich habe nicht mit Rudis Beständigkeit gerechnet. Unsere Reisepläne bleiben aufrecht. Wir ziehen das durch.

Die Leute in unserem Ort wissen nicht mehr, was sie davon halten sollen. Haben sie doch bis jetzt allerlei Spekulationen angestellt bezüglich einer möglichen Beziehung zwischen Rudi und mir, so sind sie nun völlig verwirrt, denn plötzlich ist eine andere Frau da. Rudi und ich haben den Leuten zwar gesagt, dass wir eine Freundschaft und keine Beziehung haben, aber dies kann beziehungsweise will wohl niemand so recht glauben.

In der Zeit, während Rudi und ich in Indien reisen, zieht seine neue Partnerin in sein Haus ein.

Aufbruchsstimmung

1. Tag – Anreise, Freitag, 13. 2.

Es ist 3:00 Uhr morgens, als meine sämtlichen Wecker klingeln. Ich hatte am Abend zuvor alle aktiviert, um nicht zu verschlafen.

Mein Rucksack steht bereits fertig gepackt im Vorraum. Ich putze mir die Zähne und gehe unter die Dusche. Das Frühstück lasse ich heute ausfallen. Ich steige ins Auto und fahre hinüber in die Gasse, um Rudi abzuholen. Ich freue mich riesig über diese außergewöhnliche Reise.

Wir sind aufgeregt, aber wir geben uns cool. Rudis Outfit besteht unter anderem aus Jeans, Cowboystiefeln und einer dunklen Sonnenbrille. Ich trage Jeans, Sandalen und ein Jeanshemd.

Die Abenteuerlust dieser aufregenden Reise ist belebend. Ich bin gelassen und heiter. Ich genieße das Leben. Ich genieße es, unterwegs zu sein. Es ist aufregend. Man denkt etwas – man spricht es aus – man tut es.

Gedanken, Worte, Taten.

Es gibt nicht sehr viele Menschen, die solche Gedanken auch in die Tat umsetzen. Ich finde es großartig, was wir beide hier durchziehen.

Um 7:15 Uhr startet der Flug von Wien nach Amsterdam. Um exakt dieselbe Zeit wäre auch Rudis Arbeitsbeginn, wenn er heute in der Firma wäre, um zu arbeiten. In Amsterdam steigen wir um in die Maschine nach Mumbai. Die beiden Flüge verlaufen angenehm.

Der Weiterflug von Mumbai nach Bangalore startet erst in vier Stunden am Inlandsflughafen. Wir machen uns gemächlich auf den Weg zur Gepäckausgabe. Rudis Koffer ist schnell gesichtet. Mein Rucksack lässt noch auf sich warten. Nach und nach verschwinden die Mitreisenden mit ihren Gepäckstücken. Bald stehen Rudi und ich alleine da. Ein Rucksack, der meinem ähnlich sieht, aber es nicht ist, liegt einsam auf dem Gepäckband, das fast leer seine Kreise zieht.

Hier stehe ich ohne Rucksack. Dort liegt ein Rucksack ohne Besitzer. Ich kombiniere: Da hat jemand nicht genau geschaut und sich meinen geschnappt.

Am Schalter, der für solcherlei Geschehnisse zuständig ist, fülle ich mehrere Formulare aus. Ich trage den Namen unseres Hotels in Bangalore ein und die Namen der zwei weiteren Hotels in Goa und Mumbai samt Aufenthaltszeiten, damit das Flughafenpersonal nachvollziehen kann, wohin sie wann meinen Rucksack schicken können, wenn er wieder aufgetaucht ist.

Reisepass, Flugtickets und Geld habe ich bei mir. Es gibt also kein wirkliches Problem. Wir durchqueren die Flughafenhalle und begeben uns Richtung Ausgang. Bei der Gepäckausgabe Nr. 2, wo das Gepäck einer ganz anderen Fluglinie kreist, sichtet Rudi meinen Rucksack. Als Dank werde ich ihm in Bangalore ein Bier spendieren.

Wir setzen die vorhin ausgefüllten Formulare außer Kraft und marschieren lustig und lässig zum Bus, der uns zum Inlandsflughafen bringen wird. Von diesem aus wird der Flug nach Bangalore starten.

Da bis zur Abfahrt des Autobusses noch reichlich Zeit ist und der Gusto auf eine Zigarette groß, wird erstmal geraucht. Beim Rauchen stehen wir vor dem Bus, so wie man es in Österreich praktiziert.

Der Busfahrer kommt auf uns zu und lädt uns freundlichst ein, doch drinnen im Bus zu rauchen. Dies sei vollkommen in Ordnung und überhaupt kein Problem. Als wir mit unseren Zigaretten in den Bus einsteigen, sehen wir, dass die Fenster alle offen sind. Das ist für Raucher praktisch.

Diese nächtliche Fahrt durch Mumbai eröffnet uns bereits, dass Indien eben Indien ist. Die zusammengenagelten Werkstätten, das Treiben auf den Straßen, der quietschende Bus. All dies nehmen wir intensiv in uns auf und wir verspüren ein heiteres Gefühl.

Der Bus ist wohl eine Antiquität. Er ächzt, stöhnt und knattert während der Fahrt. Stammt er möglicherweise aus den frühen Zeiten der englischen Kolonie? Jedoch bringt uns der freundliche Fahrer mit diesem alten Autobus gut und sicher ans Ziel.

Als wir am Inlandsflughafen ankommen, besorgen wir uns Coca-Cola und setzen uns auf ein Mäuerchen. Wir rauchen, trinken und unterhalten uns. Wir stellen fest, wir sind wirklich cool.

Also – Flug frei nach Bangalore.

Neuorientierung

2. Tag – Bangalore, Samstag, 14. 2.

In Bangalore angekommen bemerken wir, dass der Freitag im wahrsten Sinne verflogen ist. Wir starteten am 13. Februar um 4:00 Uhr morgens von zu Hause los und landen am Vormittag des 14. Februar in Bangalore.

Der Transfer vom Flughafen zum Hotel ist ein Erlebnis. Wir wussten beide nicht, dass Straßenverkehr auch so sein kann. In Indien herrscht Linksverkehr. Doch hier wird manchmal links, manchmal rechts gefahren. Es ist für uns nicht erkennbar, wann welche Verkehrsregeln gelten, aber der Straßenverkehr funktioniert.

Im Hotel beziehen wir unsere Zimmer und rüsten uns mit Videokamera und Fotoapparat aus, da wir Bangalore erkunden wollen. Wir kommen bis zur nächsten Straßenkreuzung. Da ist Endstation. Wir können die Straße nicht überqueren.

Es ist uns trotz Ampelregelung unmöglich, auf die andere Straßenseite zu gelangen. Wir stehen da und können es nicht fassen, obwohl wir es eindeutig registrieren.

Es ist egal, welche Ampel Rot zeigt, hier ist alles in Bewegung: Lastwagen, Busse, Autos, Taxis, Mopeds, Fahrräder, Fußgänger. Sie bewegen sich in jede Richtung und in jeder Geschwindigkeit, kreuz und quer, alle durcheinander und mit Gehupe. Es ist für uns absolut nicht ersichtlich, wer warum wen anhupt.

Nach Akzeptieren der Sachlage, nach aufgeregtem Staunen, dass so etwas überhaupt möglich ist, gibt es für uns nur eins – einzutauchen in diese pulsierende, quirlige Stadt mit all ihren Menschen, Fahrzeugen, Baustellen, Bambus-Baugerüsten, Gesetzen und Originalitäten.

Wir können alles schaffen. Also überqueren wir die Straße.

Rudi trägt seine Videokamera, ich trage den Stadtplan – so begeben wir uns auf den Weg zur Kontaktstelle der Palmblattbibliothek. Ich behaupte mit Stolz, dass wir wirklich gut sind. Wir stehen am ersten Tag in dieser Stadt vor unserem ersten Ziel, dem Bombayananda-Bhavan-Hotel. Diese Adresse erhielten wir von Frau Ilona Kovacsics, der Dame vom Reisebüro, die diese Anschrift wiederum von ihrer in Österreich lebenden indischen Freundin Mandakini Pachauri hatte. Vom Kontaktmann erfahren wir Namen, Adresse und Telefonnummer des Palmblattlesers. Und wir erfahren auch die Anmeldezeit: vier Wochen.

Aufgrund des Namens und der Adresse fällt uns auf, dass dies eine andere Palmblattbibliothek ist als jene, welche Johannes von Buttlar beschrieb.

Wir sind bis nächsten Samstag in Bangalore. Morgen, am Sonntag, werden wir der Sache auf den Grund gehen, denn da werden wir die Palmblattbibliothek in der Main Street besuchen, von der wir aus dem Buch „Zeitriss“ erfuhren.

Rudi und ich verbringen den Samstag auf den Straßen von Bangalore. Wir feilschen, kaufen, essen, staunen, rauchen, reden. Wir beobachten Menschen, Fahrzeuge, Bauarbeiter und Werkstätten. Eine dieser Werkstätten befindet sich auf dem breiten Gehsteig neben der Straße. Da werden Fahrräder zerlegt, repariert, umgebaut und aus Ersatzteilen wieder zusammengebaut. Hier werden Gegenstände ausgebessert und nicht weggeworfen wie in unserem Land.

Manche Gehsteige sind mit großen rechteckigen Betonplatten bestückt. Einige dieser Platten liegen gut. Andere wiederum liegen lose verschoben oder sind zerbrochen. Manchmal fehlt eine Platte gänzlich. Darunter befinden sich riesige Hohlräume. Wir achten darauf, dass wir in keines dieser Löcher fallen. Außerdem passen wir auf, dass wir nicht über diverse Bauteile, Sträucher, und aus dem Gehsteig wachsende Gegenstände stolpern.

Unser Weg führt an einer Baustelle vorbei. Ein Handwerker arbeitet, sechs weitere stehen daneben und sehen ihm zu.

Wir hören dem Hupen, Quietschen, Rattern zu. Wir riechen Benzin, Müll, Essen. Wir kaufen Tücher, Bilder, Coca-Cola, Wasser, Räucherstäbchen und wieder Tücher. Wir sehen unsere erste indische Kuh. Wir gehen schwimmen und ins Dampfbad.

Wir sind nun genau 41 Stunden ohne Schlaf und fühlen uns frisch, munter und vor allem lebendig.

Entdeckungen

3. Tag – Bangalore, Sonntag, 15. 2.

Ich klopfe an Rudis Zimmertür und wir machen uns auf den Weg zum Frühstücksraum unseres Hotels. Was speist man hier im Hotel zum Frühstück? Wir bedienen uns am Buffet mit Kartoffeln, gegrillter Salami, French-Toast, Tomaten, und einem undefinierbaren Etwas, das ausgezeichnet schmeckt und sehr scharf ist. Dazu bestellen wir ständig Kaffee während eines zweieinhalbstündigen Gespräches über Lebensansichten und philosophische Gedanken. Dies geschieht an einem Tisch im Freien im Februar unter Bangalores warmem Sonnenschein. Das Leben ist schön!

Um 12:00 Uhr mieten wir ein Fahrzeug, das uns für den ganzen Tag zur Verfügung steht. Dieses Moped-Taxi ist eine moderne Variante der Rikscha. Der Retourgang wird händisch bedient. Das heißt, wenn dieses Taxi aufgetankt wird oder wenn der Fahrer ausparken will, dann steigt er aus und schiebt das Fahrzeug.

Der Fahrer schüttelt den Kopf, als wir ihm die Palmblattbibliothek als unser Ziel nennen.
Er schüttelt energisch seinen Kopf und sagt:

„I no“, was wir übersetzen mit: „Ich nicht“.

Rudi und ich versuchen, ihn zu überreden. Doch wir haben keine Chance. Er schüttelt nur pausenlos den Kopf und sagt seinen Satz.

Es folgt ein Geistesblitz: Kopfschütteln bedeutet in Indien: Ja.

„I no“ bedeutet „I know“. Das heißt übersetzt: Ich weiß.

Gleiche Aussprache, jedoch verschiedene Bedeutung. Soviel zu unseren Englisch-Kenntnissen in der Praxis.

Er ist selbstverständlich gerne bereit, uns zu unserem Ziel zu bringen. Und selbstverständlich kennt er das Haus und weiß um die Bewandtnis der Palmblätter.

Als der Fahrer vor der Palmblattbibliothek einparkt, steigen wir aus und gehen respektvoll auf das Gebäude zu. Wir betreten den Eingangsbereich der Palmblattbibliothek. Nun sind wir an dem Ort angekommen, welcher das Ziel dieser Reise war. Wir werden nun den Mann sehen, der diese Blätter verwaltet und vorliest. Meine Ehrfurcht ist groß. Ich bin ergriffen. Rudi sagt zu mir, dass er genauso empfindet.

Um den bestmöglichen Eindruck zu machen, ziehen wir unsere Schuhe aus, so wie es in diesem Land Sitte ist.

Der Verantwortliche geht auf uns zu und begrüßt uns freundlich. Ich kann es kaum fassen, dass Mr. Murthy tatsächlich vor uns steht.

Er fragt, wie lange wir in Bangalore sind. „One Week." Eine Woche.

Nach Durchsehen seines Terminplaners erklärt er uns, dass die Termine auf längere Zeit ausgebucht seien.

Woher wir kommen, lautet die zweite Frage. „Austria."

Mr. Murthy denkt kurz nach. Er sagt, dass wir morgen um 20:30 Uhr anrufen sollen. Falls eine Stornierung vorliegen sollte, bekommen wir einen Termin. Wir teilen Mr. Murthy unsere Geburtsdaten, Geburtszeiten und Geburtsorte mit. Er überreicht jedem von uns eine Visitenkarte. Wir sind zuversichtlich und werden um 20:30 Uhr vor Ort sein. Unserer Meinung nach ist das besser, als anzurufen.

Wir erkunden Bangalore. Rudi macht Videoaufnahmen, und es gibt viel zu filmen. Die Kühe wohnen etwas außerhalb. Wir sind fasziniert. Wir staunen. Wir sehen eine Kuh, die aus einem gemauerten Abfallbehälter frisst.

Drei Jungen beobachten Rudi beim Filmen der Kuh. Ein kleines Mädchen tapst hinzu. Zwei Mädchen folgen. Anschließend kommen noch die Mütter. Diese Menschen bestaunen uns. Sie lachen uns an. Wir sind anders. Wir sind Ausländer. Sie stellen sich posierend auf. Sie wollen fotografiert und gefilmt werden. Es gefällt mir, dass sich diese Menschen darüber freuen, wenn wir an ihnen interessiert sind.

Als nächstes peilen wir einen See an, der auf der Landkarte rechts oben abgebildet ist. Dort angekommen, flanieren wir durch die Grünanlage. Die öffentliche Toilette ist wirklich öffentlich und besteht nur aus niedrigen Mäuerchen und Fliesen.

Unser Taxifahrer fährt uns zu Teppichgeschäften, Juwelieren und Seidengeschäften. Wir beabsichtigen, ein riesiges, glitzerndes, blitzblankes Shoppingcenter zu betreten. Ich fühle mich für dieses Einkaufszentrum mit den staubigen Jeans und der nicht mehr ganz weißen Bluse unpassend gekleidet.

Als wir durch den Empfangsbereich schreiten, kommt ein Inder in Maßanzug und Krawatte auf uns zu. Ich erwarte unseren Rausschmiss aus diesem noblen Einkaufstempel. Der Herr jedoch heißt uns aufs Herzlichste willkommen und geleitet Rudi und mich durch ein Modegeschäft. Nun wird uns Kleidung von indischen Models vorgeführt. Zu anregender indischer Musik schreiten sie mit verschiedenen Outfits professionell vor uns auf und ab. Ein Kleidungsstück gefällt mir besonders gut und ich probiere es an. Es ist ein grün-schwarzer bodenlanger Rock, ein indisches nabelfreies Top mit kurzen Ärmeln, ein dazu passendes eng anliegendes Halsband und ein Tuch, das nach indischer Art um den Körper drapiert wird. Ich beschließe, diese wunderschöne indische Tracht zu kaufen.

Währenddessen bezieht Rudi an der Bar des Modegeschäftes Stellung. Ein Aschenbecher wird vor ihn hingestellt, er bekommt Kaffee und kleine Gewürz-Knabbereien serviert und unterhält sich ausgezeichnet auf Englisch mit den Gastgebern. Als ich nach meiner Anprobe hinzukomme, werde ich ebenfalls bewirtet. Wir bekommen rote Punkte auf die Stirn gemalt.

Wir begutachten weitere Geschäfte. Rudi lässt einen Button herstellen. Dazu wird er fotografiert und sein Bild direkt auf den Button aufgebracht.

Ich lasse mir ein Mehendi, eine kunstvoll gemalte Verzierung, auf meine Handinnenfläche malen. Die Künstlerin versteht ihr Handwerk. Das Mehendi wird auffallend schön.

Vor dem Einkaufstempel erblicken wir eine riesige weiße Buddha-Statue, die wegen einer Renovierung von Gerüsten umgeben ist.

Wir sehen das erste Mal im Leben einen Schuh-Parkplatz. In Indien betritt man manche Stätten ausschließlich ohne Schuhe und hier können sie ordentlich platziert werden.

Auf der Fahrt in Richtung unseres Hotels parkt unser indischer Taxifahrer und zieht sein langärmeliges Hemd an. „It‘s cold“, sagt er. Es sei ihm kalt und es werde schon frisch um diese Tageszeit, meint er.

Das Kälte- und Wärmeempfinden ist relativ. Denn was für den indischen Taxifahrer zu kühl, ist für uns so heiß, dass wir uns in Badebekleidung an den Hotelpool begeben. Dies wird vom Hotelpersonal und von den Büroangestellten aus dem gegenüberliegenden Gebäude nicht so recht verstanden, da es ja „kalt“ ist. Immerhin ist Winter.

Nun ja, jeder, wie er will. Wir gehen schwimmen und ins Dampfbad. Wir lassen uns massieren und genießen unseren Sommer im Winter.

Das Abendessen erfolgt in einem indischen Lokal, wo außer uns nur indische Gäste anwesend sind. Wir bestellen Clubsandwiches, etwas Indisches mit einem schönen Namen und etwas namens Kuchli. Es schmeckt uns so gut, dass wir dasselbe noch einmal bestellen. Wir essen alles durcheinander.

Beim Bummeln durch die Stadt ist die Freundlichkeit vieler indischen Menschen, denen wir begegnen, für uns spürbar. Sie betrachten uns interessiert und lächeln uns an. Oft winken sie uns zu. In diesem Land sind wir die Exoten.

Wir besorgen sieben Päckchen diverser Zigarettenmarken.

Wir bestellen Kaffee in einem Lokal und merken erst nach der Bestellung, dass es ein Nichtraucher-Lokal ist. Für uns Raucher ist es ungewöhnlich, Kaffee zu trinken, ohne eine Zigarette dazu zu rauchen.

Wir kaufen Bananen und geröstetes Unbekanntes in Stanitzeln.

Ich sehe eine offensichtlich hungrige Frau und schenke ihr mein Stanitzel mit dem Gerösteten. Rudi schenkt einem hungrigen Kind seine Banane. Es ist sinnvoll, dass man auch Geld zum Verschenken bei sich hat.

Wir sehen Menschen auf Gehsteigen und in Hauseingängen schlafen. Und nicht wenige leben auf diese Art und Weise. Das erschüttert uns. Indien ist anders.

Es ist Mitternacht auf Bangalores Straßen. Wir fühlen uns zufrieden. Wir machen uns Gedanken.

Wir schätzen den Wohlstand, den wir in Österreich wie selbstverständlich nutzen. Wären wir hier geboren worden, dann sähe unser Leben gänzlich anders aus. Wertschätzung macht sich in unserem Denken breit.

Wir machen uns keine Sorgen. Wir legen an einer Bushaltestelle eine Pause ein. Wir beobachten Fahrzeuge. Wir rauchen Zigaretten. Wir sprechen über das Leben. Wir schenken einer Gruppe Burschen Zigaretten.

Um 3:45 Uhr ist Schlafenszeit.

Eine junge Verkäuferin

Rudi vor der Palmblattbibliothek

Interessierte Menschen

Polizisten im Park

Frauenrunde mit Rudi

Vor dem Glashaus

Fröhliche Kinder

Eine freundliche Familie

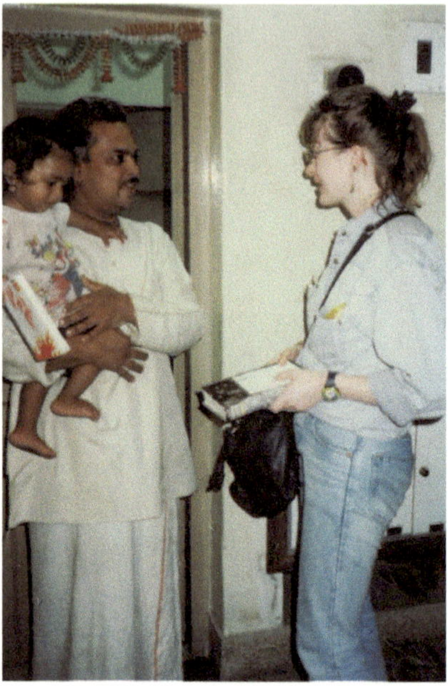

In der Palmblattbibliothek

Padmavathi

Vorlesung

Lachende Kinder

Der große Baum

Am Abend

Verkleidungen

Schattenspender

Begegnungen

4. Tag – Bangalore, Montag, 16. 2.

Das Frühstück genehmigen wir uns in einem typisch indischen Lokal. Der Kaffee wird in kleinen Saftgläsern serviert. Es gibt Sandwiches mit besonders scharfen grünen und roten Soßen. Mit uns frühstücken Bangalores Polizisten.

Um 10:00 Uhr relaxen wir am Pool. Wir sind wie immer die einzigen Hotelgäste. Von Santhosh bekommen wir Isostar und Badetücher. Santhosh ist der Bademeister und Masseur des Hotels. Wir erfahren so manches über die indische Mittelklasse:

Im Jahr 2000 möchte er heiraten. Derzeit hat er keine Freundin. Er verdient 2.800 Rupien im Monat und spart auf die Summe von 50.000 Rupien, denn dies ist der Betrag, den jeder der beiden Brautleute aufzubringen hat, um eine Familie zu gründen.

Wenn ich ihn richtig verstanden habe, kostet in Indien ein Auto ungefähr 200.000 Rupien und ein Haus 500.000. Eine Cola im Hotel kostet 35 Rupien. Eine Cola außerhalb des Hotels kostet 12 Rupien.

Am Nachmittag fahren Rudi und ich in den wunderschönen, südlich gelegenen Botanischen Garten, wo es auch einen See gibt. Wir bestaunen einen großen, alten Baum und machen Foto- und Videoaufnahmen. Plötzlich kommen zwei Gesetzeshüter zielstrebig auf uns zu. Sollte es etwa verboten sein, diesen Baum zu fotografieren und zu filmen?

Selbstverständlich nicht. Einer der Polizisten fragt uns, woher wir kommen. Wir antworten ihnen, dass wir aus Österreich stammen. Es entsteht ein nettes Gespräch. Wir plaudern über Österreich und über Indien. Sie freuen sich, als wir ihnen erzählen, wie sehr es uns hier in Indien gefällt.

Rudi fragt, ob es in Ordnung sei, wenn wir Foto- und Videoaufnahmen von ihnen machen würden. Die beiden Polizisten freuen sich darüber riesig und erklären sich sofort dazu bereit. Wir sprechen jemanden an, der ein Foto von uns vieren knipst.

Wir spazieren weiter. Auf dem Rasen sitzen einige Inderinnen in einem Kreis und unterhalten sich. Ich lächle ihnen zu, sie erwidern mein Lächeln, und schon kommen wir ins Gespräch. Ihre Namen klingen wunderschön. Sie gestatten uns, zu filmen und zu fotografieren. Rudi lässt alle Damen in die Videokamera sehen, damit sie sich selbst betrachten können. Die jungen Frauen sind begeistert.

Nach einiger Zeit verabschieden wir uns und setzen unseren Weg fort. Wir gelangen zu einem Glashaus.

Ich schenke einem kleinen Mädchen ein Lächeln und schon versammelt sich eine Gruppe Menschen um uns. Abermals wird uns gestattet, Fotos und Videoaufnahmen zu machen. Auch diesen Menschen macht es eine Freude, sich danach in der Videokamera selbst zu betrachten. Alle dürfen hineinschauen.

Es gefällt mir, dass sich die Menschen hier darüber so sehr freuen, wenn man bittet, sie fotografieren zu dürfen.

Zwei Burschen, die diese Szene betrachtet haben, sprechen uns an. Sie wollen auch fotografiert werden und fragen, ob wir das Foto an sie schicken können. Sicher werden wir das machen. Adressen mit Namen werden an uns weitergegeben. Auch dieses Treffen ist geprägt von Lachen, Freude und viel Dankbarkeit. Zum Abschied winken wir einander herzlich zu.

Wir begegnen einem jungen Münzensammler und schenken ihm eine österreichische Münze. Seine Freude ist groß und echt. Für ihn ist diese Münze etwas Besonderes, denn sie stammt aus einem Land, das sehr weit von Indien entfernt liegt.

Eine Familie spaziert an uns vorbei. Ich lächle das Baby an und gewinne dadurch sogleich die Sympathie von Mutter, Vater, Bruder, Schwester, Tante und Onkel. Auch bei dieser Zusammenkunft zeigen sich die Eltern erfreut darüber, als ich bitte, ein Foto machen zu dürfen.

Ich freue mich über die herzlichen Treffen, die wir hier erleben. Ich fühle mich so sehr wohl. Ich fühle mich glücklich.

Am Nachmittag begeben sich Rudi und ich, bestückt mit Fotoapparat, Videokamera und Walkman, in Richtung Palmblattbibliothek.

Da wir etwas zu früh dran sind, haben wir noch Zeit für ein Getränk am benachbarten Getränkestand. Während Rudi für uns etwas zu trinken bestellt, lächle ich zwei Inderinnen zu, die vor ihrem Haus auf einer Treppe sitzen und plaudern. Sie lächeln beide zurück und kommen auf uns zu. Die jüngere Frau fragt, woher wir kommen, wie wir heißen, wie uns Indien gefällt.

Sie spricht perfekt Englisch und erzählt uns, dass die ältere Dame ihre Schwiegermutter sei und dass in Indien alle Namen eine religiöse Bedeutung haben. Auch sie freut sich, dass wir sie fotografieren und filmen und schenkt uns zum Abschied zwei Bananen.

Um 20:30 Uhr betreten wir Mr. Murthys Haus. Eine der beiden Bananen steckt in der Brusttasche meines Jeanshemdes. Vielleicht steht geschrieben, dass der Palmblattleser denjenigen einen Termin geben soll, die eine Banane in der Jeanshemd-Tasche verstaut haben.

Wir betreten das Wartezimmer. Mr. Murthy teilt uns mit, dass der Terminkalender für diese Woche voll sei. Eventuell habe er einen Termin am Freitag um 10:00 Uhr frei. Ganz sicher jedoch sei es am Samstag möglich.

Wir sprechen mit ihm wegen des Fluges am Samstag. Es wird sich schon alles ausgehen. Wir sind zuversichtlich. Mr. Murthy ist sehr freundlich und äußerst sympathisch.

Er holt eine Videokassette mit dem Titel „ZDF 1993 Formulare“ und zeigt uns ein in Deutsch geschriebenes Buch mit dem Titel „Es steht geschrieben“. Es ist dies sein persönliches Exemplar vom Autor Wulfing von Rohr. Rudi und ich wussten gar nicht, dass es ein spezielles Buch über diese Palmblattbibliothek gibt. Wir zeigen ihm das Buch „Zeitriss“ und erzählen, dass wir wegen ein paar Seiten eines Kapitels dieses Buches hier an diesem Ort sind.

Mr. Murthys kleiner Sohn stapft durch den Raum. Er trägt zwei Ohrringe. Mr. Murthy erklärt uns die Herkunft und Bedeutung seines Namens.

Die Namen des Vaters und des Bruders ergeben den Namen für den Sohn.

Wir erfahren, dass der letzte Palmblattleser Mr. Murthys verstorbener Bruder war. Dieser hatte einst das Amt von seinem Vater übernommen. Die Aufgabe des Palmblattlesens wird immer vom Vater auf den ältesten Sohn übertragen. Sollte dieser kleine Inder Mr. Murthys ältester Sohn sein, haben Rudi und ich heute den zukünftigen Palmblattleser gesehen.

Wir fühlen uns bereichert durch dieses schöne Gespräch mit Mr. Murthy und verabschieden uns.

Zum Abendessen gibt es für uns Burger, Eiertoast und Eis. Wir fühlen uns gut.

Spätabends erfolgt unsere Pause an der Bushaltestelle. Heute sind wir besonders lustig. Als dann noch unser Trink-Strohhalm auf den Gehsteig fällt und wir ihn ohne zu überlegen wieder verwenden, sagt Rudi dazu: „Na und?!"

Wir brüllen vor lachen. Der Boden ist schmutzig. „Na und?!" Wir sind schmutzig. „Na und?!" Wir sehen unsere Fingernägel an. Das Lachen erreicht seinen Höhepunkt. Wir blödeln und philosophieren.

Es ist bereits 1:30 Uhr nachts, als ein Motorrad mit zwei sehr beunruhigten Polizisten auf unsere Bushaltestelle zufährt. Sie fragen, warum wir hier sitzen und wohin wir unterwegs seien.

Sie erklären uns ihre Befürchtungen: Es sei zu spät, um noch auf den Straßen unterwegs zu sein. Es könnten Räuber kommen, uns mit dem Messer bedrohen und uns ausrauben.

Sie wirken äußerst besorgt um unser Leben. Zu ihrer Beruhigung versprechen wir ihnen, in unser Hotel zu gehen. Daraufhin fahren sie weiter, um die Menschen in dieser Stadt zu beschützen.

Wir machen uns locker und gelassen auf den Heimweg. Wir überqueren eine Straße. „Na und?!“ Straßenüberquerungen sind inzwischen für uns selbstverständlich geworden.

Wir schlendern, rauchen, lachen. Ich kann lachen. Ich bin fröhlich. Es ist 3:00 Uhr nachts. Schlafenszeit. Indien bedeutet zahlreiche Eindrücke auf einmal. So viele zur gleichen Zeit.

Das Leben ist schön. Dieses Leben zu leben ist ein Spiel. Das Leben bietet eine Reihe von Lernprozessen. Es geht darum, nicht die Augen zu verschließen, sondern sich mit dem, das einem widerfährt, auseinanderzusetzen. Ich spüre, was es für mich zu lernen gibt. Ich fühle mich glücklich und richtig. Ich fühle mich wohl mit und in meinem Leben. Es gibt so viel zu erfahren. Das Leben bietet eine Fülle, eine Bereicherung, eine Liebe zum Dasein. Ich genieße. Ich bin.

Zufälligkeiten

5. Tag – Bangalore, Dienstag, 17. 2.

Das Frühstück an diesem Morgen nehmen wir in einem Lokal namens Lakeview ein. Es dauert exakt fünf Stunden. Rudi und ich haben so viel zu reden.

Im Laufe des Gespräches stellen wir fest, dass Geschehnisse und Menschen immer dann in unser Leben treten, wenn wir sie brauchen. Man kann sich diese herdenken.

Als wir am Nachmittag den Rückweg vom Frühstück antreten, geht eine meiner Sandalen kaputt. Dies passiert am richtigen Ort, denn der Schuster sitzt einige Meter weiter. Nach Behebung des Schadens schlendern wir weiter.

An einem Kokosnuss-Stand kaufen wir uns Kokosmilch. Sie schmeckt uns ausgezeichnet. Während wir trinken, schauen und rauchen, reißt Rudis Rucksack auf. Wir sprechen ein einstimmiges „Na und?!“ aus. Neben uns sitzt ein Schneider mit voll eingerichteter Werkstatt auf dem Gehsteig.

Wir finden, was wir brauchen, ohne zu suchen.

So soll es sein.

Das Abendessen genießen wir im Lakeview mit – wie immer – intensiven Gesprächen.

Später auf unserem nächtlichen Spaziergang durch Bangalores Straßen verlangt es uns nach dem Besuch in einem Pub. Wir haben im Reiseführer gelesen, dass es in dieser Stadt welche geben soll, jedoch bisher noch keines erspäht.

Und – wie könnte es anders sein – ein Stück entfernt von der Stelle, an der wir unseren Wunsch aussprechen, steht ein niegelnagelneues, typisch englisches Pub.

Aus der Baustelle, an der wir in den letzten Tagen vorbeikamen, war eben dieses Pub heute fertig geworden. Wie für unsere momentanen Wünsche bereitgestellt, wurde dieses soeben eröffnet.

Wir bekommen, was wir brauchen. Es ist faszinierend. Es ist – für uns – beinahe selbstverständlich.

Wir betreten das Pub mit sehr großem Durst und bestellen zwei Flaschen Kingfisher-Bier. Der Kellner serviert das Bier und geht dann wieder, um den Öffner zu holen. Als er zurückkommt und die Flaschen aufmachen will, haben wir diese bereits zur Hälfte ausgetrunken, da Rudi die Bierflaschen mit einem Bic-Feuerzeug geöffnet hatte.

Der Kellner glaubt uns nicht, dass das möglich ist. Wir bestellen daher nochmals zwei Flaschen und Rudi muss sie vor den Augen des Kellners mit dem Feuerzeug öffnen.

Auf dem Weg ins Hotel um 2:00 Uhr nachts verfolgen uns zwei Polizisten. Wir wissen jedoch nicht, ob sie echt sind. Wir bleiben stehen und ich zünde mir eine Zigarette an, damit wir sehen, wie sie reagieren. Sie bleiben ebenfalls stehen. Einer der Männer sagt zu uns, dass wir vorsichtig sein sollen.

Wir gehen erstmal weiter. Rudi richtet sein Messer her, ich mache das Pfefferspray bereit. Wir setzen uns auf unsere Bank an der Bushaltestelle und beraten, was wir machen sollen.

Wir einigen uns darauf, dass Rudi uns mit seinem Messer verteidigt und ich ihnen Pfefferspray in die Augen sprühe, wenn sie uns bedrohen. Doch zum Glück kommt es nicht dazu. Entweder sind die beiden echte Polizisten oder es sind Gauner, die gemerkt haben, dass wir uns zu wehren wissen.

Ich glaube, dass alle Geschehnisse und jedes Zusammentreffen einen Sinn haben. Das Erkennen und Verstehen der Bedeutungen ist nicht immer eindeutig oder gleich erkennbar. Wenn jemand in sich reinhorcht, sein inneres Selbst beobachtet, sich selber nahe ist, kann er spüren und fühlen, was richtig und was falsch ist. Man kann es mit dem logischen Verstand nicht analysieren. Man kann es zulassen, es annehmen und man kann die Seele mit Zufriedenheit nähren.

Entgegenkommen

6. Tag – Bangalore, Mittwoch, 18. 2.

Der Bademeister Santhosh hat heute frei und besucht mit uns den Markt.

Es gibt enge Gassen, viele Menschen, Schneidereien und Werkstätten jeder Art. Es gibt Ziegen, Hühner und Fliegen. Es gibt Schmutz, Abfälle und Löcher, aus denen es raucht. Es gibt Obst, Gemüse, Sandalen, Gewürze, Töpfe, Pfannen, Kochlöffel, Kübel und Krimskrams.

Santhosh ist Christ. Er zeigt uns seine Kirche. Wir sehen auf dem großen Platz vor der Kirche Bettler sitzen oder liegen. Viele haben keine Beine. Viele sind verkrüppelt. Viele sind alt. Sie sind arm an materiellen Dingen. Sie sind reich an Gefühlen. Sie sind dankbar für unsere Gaben.

Ich tausche mit einigen die Namen aus, denn wir werden füreinander beten. Wir berühren uns im Innersten. In mir wird großes Mitgefühl erweckt. Mir ist bewusst, wie gut es mir geht und ich empfinde Dankbarkeit dafür. Es tut uns gut, zu geben und zu nehmen. Ich meine damit nicht nur Spenden, sondern Anteilnahme, Gefühl und Wärme zueinander. Man gibt etwas von sich selber und erhält so viel mehr zurück.

Wir laden Santhosh zum Essen ein. Er isst nur mit den Fingern seiner rechten Hand. Auch die Soße tunkt er mit Reis und Brot auf. Ein Besteck ist nicht notwendig. In der Ecke des Restaurants gibt es eine Waschgelegenheit. Andere Länder – andere Sitten.

Am Nachmittag schreiben Rudi und ich am Hotel-Pool Ansichtskarten an unsere Verwandten und Freunde, die jedoch nie ankommen werden.

Abends schlendern wir durch die Straßen. Wir sehen heute viele Polizisten. Wir kaufen Krawatten, Soßen, Gewürze. Wir beschenken Bettler.

Rudi und ich gehen in unser Stammlokal, ins Lakeview, wo ich eine soeben gekaufte Soßenflasche kaputtmache, indem ich das Plastiksackerl zu heftig auf den Boden stelle. Ich bitte den Kellner um Putztücher, damit ich die anderen Waren reinigen kann. Der besonders nette Kellner besteht darauf, mit dem Plastiksackerl zu entschwinden, um uns den Inhalt danach splitterfrei und abgewaschen zu überreichen. Wieder einmal sind wir um ein schönes Erlebnis reicher geworden.

Wir kommen mit dem Kellner ins Gespräch über Indien, unsere Namen und woher wir kommen. Sein Name ist Loknath.

Er erzählt von seiner verstorbenen Frau, von seinen Kindern, von seiner taubstummen Tochter Padmavathi und der speziellen Schule, die sie besucht. Er arrangiert für den nächsten Tag einen Besuch in dieser Schule. Wir werden morgen wohl eine ganz wichtige Zeit mit diesen Kindern in ihrer Schule verbringen.

Beim allabendlichen Spaziergang fragen uns zwei Inder nach Zigaretten. Wir schenken ihnen welche. Dies ist insofern interessant, dass uns diese Frage genau vor jenem indischen Luxusrestaurant gestellt wurde, das wir schon zweimal übersehen hatten. Nun haben wir es dadurch wieder gefunden. Morgen Abend wird groß diniert!

Heute sind keine Bierlokale auffindbar. Die Shops sind bereits geschlossen.

Flexibel, wie wir sind, disponieren wir um auf Kaffee und Coca-Cola am Hotelpool unter Bangalores freiem Himmel mit einem 4-Stunden-Gespräch bis 3:30 Uhr.

Wir unterhalten uns nun schon seit sechs Tagen fast ununterbrochen bis auf die wenigen Stunden, die wir mit Schlafen verbringen. Wir philosophieren über Indien, über die vielen Eindrücke, über das Leben, über unsere Freundschaft.

Die Seele weiß Bescheid. Der Körper funktioniert und drückt aus. Der Geist ist Mittler zwischen Seele und Körper. Die Auflösung von Karma ist der Sinn unseres Daseins. Alles ist abgeschlossen. Alles ist vollendet. Wir erleben lediglich den Weg. Wir haben unseren Weg zu gehen bis zur Vollendung. Jeder auf seine Art und Weise.

Alles ist da. Man sieht nicht alles. Man kann das Bewusstsein erweitern, man kann sehen.
Schrittweise.

Beeindruckende Menschen

7. Tag – Bangalore, Donnerstag, 19. 2.

Um 10:00 Uhr treffen wir im Lakeview zum Frühstück ein. Wir begrüßen Loknath und er überreicht uns den Schülerausweis seiner Tochter. Heute ist ein besonderer Tag. Wir werden die taubstummen Kinder besuchen, fotografieren und ihnen die Fotos dann mit der Post schicken.

Wir haben das Gefühl, wir werden nach diesem Besuch betroffen und voll des Mitleids aus dieser Schule gehen. Es kommt jedoch anders als gedacht.

Als wir in der Schule ankommen, weiß man bereits über unser heutiges Erscheinen Bescheid. Wir werden auf eine freundliche und liebenswürdige Weise von der Direktorin und den Lehrerinnen empfangen.

Die Teenager sind fasziniert von unserer hellen Haut, von Rudis Bart und seinen Stiefeln, vom Fotoapparat und von der Videokamera. Heute ist ein aufregender Tag für uns alle. Wir machen sie glücklich, indem wir einfach da sind.

Rudi und ich sind begeistert von dem großen Interesse der Schüler an unserem Besuch.

Die Unterhaltung funktioniert. Die Schüler lernen in dieser sehr guten Schule sprechen und von den Lippen ablesen; und das alles in Englisch.

Es folgt eine Vorführung auf dem Computer und danach erleben wir eine Bastelstunde, in der Blätter aus Ton gefertigt werden.

Die Teenager sind wissbegierig. Sie fragen, woher wir kommen, wie wir heißen, was wir arbeiten, was wir essen, wie lange wir mit dem Flugzeug hierher geflogen sind, welche Sprache bei uns zu Hause gesprochen wird, wie Österreich aussieht. Geduldig und erfreut beantworten wir alle Fragen.

Die Schüler sind begeistert, als sie sich selber in der Videokamera sehen können. Rudi lässt alle in die Kamera hineinsehen.

Padmavathi, die Tochter des Kellners Loknath, strahlt uns an und freut sich offensichtlich über unseren Besuch. Ich will ihr freundliches und offenes Lächeln mit dem Fotoapparat einfangen. Doch jedes Mal, wenn ich ein Foto knipse, schaut Padmavathi ernst. Sobald das Foto gemacht ist, strahlt sie wieder. So geht es mir bei jedem Bild, das ich von ihr aufnehme. Doch das macht nichts. In meinem Herzen habe ich ihr strahlendes Lächeln aufbewahrt. Außerdem ist es auf der Videoaufnahme zu sehen.

Wir bringen Aufregung und Abwechslung an diesem heutigen Schultag. Der Unterricht wird für uns gestaltet. Wir sind der Mittelpunkt an diesem heutigen Tag. Es ist eine Freude für uns alle.

Die Erstklässler zeigen uns voll Eifer ihre Hefte mit Tierbildern und Tiernamen. Ein kleiner Inder liest uns von einer Tafel alle Namen vor und deutet auf das dazugehörige Kind.

Rudis Videokamera ist begehrt. Alle wollen hineinsehen. Es geht drunter und drüber. Die süßen kleinen Kinder sind ganz ausgelassen und aufgeregt.

Es ist Jausenzeit. Die Kinder, Teenies und Lehrerinnen sitzen auf dem Boden und packen ihre Mahlzeiten aus. Gegessen wird mit den Fingern. Ein kleines Mädchen holt ihren Löffel hervor. Daraufhin bekommt sie von der Lehrerin einen freundlichen Tadel. Sie sei schon ein großes Mädchen, sie solle das Besteck wegräumen und mit den Fingern essen. Zumindest verstehe ich die Worte in dieser Art und Weise.

Ich mache Videoaufnahmen und Fotos. Eines der größeren Mädchen bietet Rudi etwas von ihrem Essen an. Rudi nimmt das Angebot an und kostet. Eine zweite Schülerin bewirtet ihn ebenfalls. Die Schärfe des Essens treibt Rudi Tränen in seine Augen.

Die schon etwas älteren Mädels und Burschen sind besonders interessiert an unserer Kultur, an unserer Heimat, an unseren Berufen. Auch in der Pause werden viele Fragen gestellt.

Schriftliche Kommunikation wird von den Lehrkräften nicht unterstützt. Sie motivieren die Schüler, indem sie ihnen sagen, dass sie einen Mund haben, dass sie üben sollen und dass sie dadurch sprechen lernen. Nur durch dieses Üben wird die Kommunikation gefördert.

Rudi und ich verstehen immerhin einiges, was die Kinder sagen, während die Lehrerin alles versteht. Es ist bemerkenswert, was in dieser Schule geleistet wird von Schülern und Lehrern. Die Kinder sind selbstständig und motiviert.

Im Büro der Direktorin hängt folgender Spruch: „They can, if they think they can."

Sie können, wenn sie denken, sie können.

Von dieser Schule werden Rudi und ich nicht betroffen hinausgehen, sondern beeindruckt von der Kompetenz und Motivation all dieser Menschen.

Zum Abschied gibt es im Schulhof Umarmungen und Händeschütteln. Die Kleinsten geben mir Bussis. Es ist ein herzliches, liebevolles, heiteres Gefühl beiderseits. Uns geht das Herz über von Liebe. Wir haben so viel zu geben. Wir haben so viel bekommen.

Dieser Tag ist einer der schönsten in unseren Leben. Es ist nicht notwendig, nur Materielles zu spenden, um das Gewissen zu beruhigen. Viel wichtiger ist es, etwas von sich selber zu geben und ganz einfach präsent zu sein.

Wir haben ihren Herzen etwas Wichtiges geschenkt. Sie werden sich an diesen Tag erinnern. Wir waren da. Sie haben unseren Herzen etwas Wichtiges geschenkt. Wir werden uns an sie erinnern. Mögen wir noch viele solche Tage in unserem Dasein erleben.

Nachmittags begeben wir uns in den Botanischen Garten. Wir brauchen einen Ort, um unseren Gedanken und Gefühlen nachzuhängen, um das Erlebte einzuordnen.

In einem Teil dieses Gartens gibt es drei Wege, die strahlenförmig zu einen Zentrum führen. Rudi und ich beschreiten einen dieser Wege. Auf den anderen beiden Wegen flanieren ebenfalls je eine Frau und ein Mann. Wie ausgemacht, aber ganz zufällig, treffen wir sechs Menschen uns gleichzeitig in der Mitte. Wir lächeln uns an.

Rudi und ich schlendern auf grünen Wiesen, betrachten die ruhige, entspannende Umgebung, genießen die Natur. Wir klettern auf den sehr großen, alten Baum. Was sind wir für winzige Geschöpfe. Wir klettern und klettern und erreichen doch nur seine Wurzeln.

Unser Spaziergang führt weiter zum See, wo es viele Lotusblüten gibt. Am Ufer spielen Kinder. Rudi filmt. Die Kinder hüpfen voll Übermut ins Wasser und winken uns fröhlich zu. Sie freuen sich, dass sie gefilmt werden. Wir winken ihnen erfreut zurück.

Auf unserem Spazierweg sehen wir auch einen Baum voller Affen. Wir machen Rast auf einer Bank, die im Sonnenschein steht. Einem durstigen Inder schenken wir unsere halbvolle Wasserflasche.

Wir machen Bekanntschaft mit einem verkrüppelten, liebenswürdigen indischen Burschen und schenken ihm ein Lächeln, Gespräche und Geld. Er schenkt uns Freundlichkeit, Humor und Gelassenheit. Das Leben ist schön, wenn man in sich Zufriedenheit empfindet.

Abends dinieren wir in einem von Bangalores Luxusrestaurants. Wir bestellen quer durch die Speisekarte Gerichte, die einen hübschen Namen tragen und lassen uns überraschen.

Der Tisch wird gedeckt mit unzähligen Schälchen. Darin befinden sich Gemüse und Fleisch, Reis und Soßen, Huhn und undefinierbares Gutes.

Alle servierten Köstlichkeiten sind eine besonders scharfe Überraschung. Mit scharf meine ich extrem scharf. So scharf, dass wir wissen, nie in unserem Leben kann ein Essen je diese Schärfe übertreffen. Bei diesem Mahl sind lediglich die riesigen Fladenbrote nicht scharf.

Wir schweigen während dieses Essens mehrmals. Nicht etwa, weil wir keinen Gesprächsstoff hätten, sondern weil es uns zu diesem Zeitpunkt nicht möglich ist. Wir brennen innerlich. Ich glaube, dieses Essen schlägt Flammen in uns.

Ich mag diese Speisen. Ich mag Indien.

Verabschiedungen

8. Tag – Bangalore, Freitag, 20. 2.

Wie mit Mr. Murthy vereinbart, stehen wir um 10:00 Uhr in der Palmblattbibliothek. Heute ist kein Termin frei. „Sorry.“ Aber morgen geht es sicher. Dann bis morgen.

Es ist heiß. Wir verbringen den Tag am Pool und faulenzen. Zwei Affen haben dieselbe Idee und leisten uns Gesellschaft. Sie hocken im Schatten auf der Mauer.

Am Abend genehmigen wir uns einen Milchshake und ein Abendessen im Lakeview. Mit Loknath tauschen wir Adressen und Geburtsdaten aus. Er ist einer der seltenen Menschen, die eine tiefe innere Zufriedenheit ausstrahlen. Wir machen noch letzte Videoaufnahmen. Dann verabschieden wir uns von ihm, da wir Bangalore morgen verlassen werden. Wir werden Fotos schicken und Briefe schreiben. Bye.

Um nicht in die Hände von Räubern zu fallen, begeben wir uns um 21:00 Uhr in Richtung Hotel. Nein, war nur Spaß. Vor Räubern und Mördern haben wir keine Angst, denn Rudi verfügt über ein

Messer und ich besitze Pfefferspray. Wir sind unverwundbare Glücksmenschen. Wir strahlen eine derartige Selbstsicherheit aus, als würden wir sämtliche Kampfsportarten beherrschen.

Der Grund, weswegen wir ins Hotel gehen wollen, ist, dass wir diesen letzten Abend in Bangalore entspannt auf der Pool-Terrasse mit Bier verabschieden wollen. Um dieses Bier zu kaufen, betreten wir einen Supermarkt.

An diesem Abend lernen wir ein hiesiges Gesetz kennen, welches – an drei Tagen pro Woche – verbietet, ab 21:00 Uhr Alkohol zu verkaufen oder zu erwerben. Auch ein Gespräch mit dem Geschäftsführer bringt keinen Erfolg. Die Menschen halten dieses Gesetz unbedingt ein. Wir gezwungenermaßen auch. Coca-Cola wird ebenfalls unseren Durst löschen.

Auf dem Weg ins Hotel schreiten wir am Gehsteig zum letzten Mal auf inzwischen uns vertraut gewordenen wackeligen Betonplatten.

Die Palmblattlesung

9. Tag – Bangalore/Goa, Samstag, 21. 2.

Um 8:30 Uhr betreten wir Mr. Murthys Haus und begeben uns in den Raum, in dem die Lesung stattfinden wird. Nun ist es so weit. Wir werden unsere Palmblätter sehen und wir werden unsere Zukunft hören. Rudi baut seine Videokamera auf. Ich bereite meinen Walkman zur Aufnahme vor.

Wir füllen Formulare aus. Mr. Murthy verlässt damit den Raum, begibt sich ins Archiv und erscheint wenige Minuten später mit Palmblättern. Er stellt einige Fragen, um die Zugehörigkeit dieser Palmblätter zu unserer Person bestätigt zu wissen. Die für Rudi gefundenen Palmblätter entsprechen ihm nicht. Er wäre dem Blatt nach nicht der älteste Sohn der Familie. Mr. Murthy verschwindet wieder im Archiv und erscheint kurz darauf mit anderen Palmblättern. Diesmal passen die Fakten.

Ich hatte gedacht, dass Mr. Murthy die Texte unserer Palmblätter in der indischen Originalsprache vorlesen würde und hatte vor, in Österreich einen Dolmetscher zu beauftragen, der die Sprachaufzeichnung in die deutsche Sprache übersetzen würde. Nun werde ich eines Besseren belehrt.

Mr. Murthy liest aus meinen Palmblättern vor: „Bhagawan Sri Shuka Maharshi is speaking to you. …“

Zuerst erfolgt die Information über die Entwicklung meiner Persönlichkeit durch die von Planeten beeinflussten Perioden anhand des Shuka-Systems.

Anschließend erfahre ich Wesentliches aus meiner Vergangenheit.

Als nächstes werden meine positive Persönlichkeit und meine Fähigkeiten beschrieben.

Es folgt die Beschreibung meiner negativen Eigenschaften, an denen ich noch zu arbeiten habe.

Dann erfahre ich einige meiner früheren Inkarnationen mit Aufzählung der Talente aus diesen Leben. Daraus ergeben sich Begabungen, die für meine zukünftige Lebensgestaltung von Bedeutung sind.

Es folgt ein Hinweis auf meine Gesundheit.

Anschließend steht über meine zukünftige Partnerschaft zu lesen.

Als nächstes höre ich mein persönliches Mantra.

Danach erfahre ich meine Zukunft.

Mr. Murthy beendet die Lesung: „This information has been given by Bhagawan Sri Shuka Maharshi. He is wishing for the best of future and I'm also wishing for that.“
Ob ich überrascht bin, als der Palmblattleser mir sagt, dass ich acht Jahre verheiratet war? Ob ich verwundert bin, als er mir mitteilt, wann mein Mann gestorben war? Mit Sicherheit! Selbstverständlich hatte ich daran geglaubt, dass es ein Palmblatt für mich geben würde. Aber diese und andere sehr persönliche Fakten aus dem Mund eines indischen Mannes zu hören, der mich und meine Lebensgeschichte keinesfalls kennen kann, ist dann doch eine ganz besondere Erfahrung.

Wie fühlen wir uns nach Beendigung unserer Palmblattlesungen? Wir haben nun erhalten, weswegen wir diese Reise unternommen haben. Wir wissen, dass wir uns derzeit nur eines Bruchteils der Lesung bewusst sind. Es ist uns momentan nicht möglich, alles überblicken zu können. Dies ist verständlich und völlig in Ordnung. Damit haben wir gerechnet und daher alles auf Band aufgezeichnet.

Die Bezahlung erfolgt laut Mr. Murthy nach eigener Einschätzung. Er nennt keinen Fixpreis. Man gibt entsprechend den Verhältnissen, in denen man lebt.

Wir überlegen, wie viel wir geben sollen. Nach kurzer Beratung beschließen wir, dass wir alles geben, was wir derzeit an umgewechseltem Bargeld in den Geldbörsen haben.

Jeder von uns hat umgerechnet etwa 300 österreichische Schilling bei sich und diese überreichen wir Mr. Murthy.

Mr. Murthy schenkt jedem von uns ein gelbes Meditationstuch und gibt uns die Anweisung, es nicht als Kleidungsstück, sondern nur für Meditation und Yoga zu verwenden. Rudi reicht ihm sein Buch „Zeitriss“ zum Signieren, was dieser gerne tut.

Mr. Murthy teilt uns noch mit, dass wir in seinem Haus immer willkommen seien. Wir bedanken uns bei ihm und verabschieden uns herzlich voneinander. Mit dem Taxi begeben wir uns zum Flughafen.

Was gibt es generell über diese Tage in Bangalore zu sagen: Wir haben bettelnde Menschen gesehen. Es gibt viele arme Kinder, Frauen, Männer, Kranke, Alte. Wir sahen Menschen, die auf Gehsteigen und in Hauseingängen schliefen.

Dies hat uns aber nicht erschüttern oder verzweifeln lassen. Es hat uns betroffen gemacht und zum Denken und Wertschätzen angeregt. Wir achten unsere Lebensumstände zu Hause. Wir haben so viel. Wir haben mehr als genug. Es geht uns gut. Schätzen wir dies. Achten wir mehr auf Inneres als auf Materielles.

Rudi und ich können Indien nicht verändern. Doch wir konnten in diesen Tagen in unserem Umfeld wirken an Menschen, die unsere Wege kreuzten.

Wir haben vielen Menschen Freundlichkeit, Gespräche und Lächeln geschenkt und dies gleichermaßen erhalten. Wir haben diesen Menschen Wichtiges hinterlassen. Wir haben von diesen Menschen Wichtiges bekommen. Nennen wir dies Menschlichkeit, Freude und Wärme, um es einigermaßen beschreiben zu können.

Und selbstverständlich haben wir Geld gegeben, denn davon haben wir genug.

Hoch über den Wolken, auf dem Flug nach Goa, steht in der Zeitung von Raub, Bombendrohung, Mord und Totschlag zu lesen. Wir sind unter einem guten Stern geboren. Wir hatten nicht das Geringste davon gemerkt, trotz unserer nächtlichen Exkursionen.

Nach der Ankunft auf Goas Flughafen folgt eine rasante Taxifahrt durch Wälder, vorbei an Reisfeldern, ins Hotel. In der Anlage befinden sich Bungalows inmitten von Gärten, umgeben von

Palmen und bunten Sträuchern. Es ist angenehm ruhig hier. Man hört lediglich die Palmblätter rauschen und die Vögel zwitschern. Welch ein Kontrast zum Stadtleben.
Es gibt einen Pool mit Liegen, eine Rezeption und ein Restaurant. In den nächsten Tagen sind Sonne, Strand, Meer und Entspannung angesagt.

Erstmal genehmigen wir uns zwei Biere. Danach beziehen wir unsere Bungalows. Anschließend gehen wir an den Strand. Die Menschen am Strand wollen uns Tischtücher verkaufen. Sorry, kein Bedarf. Wir holen uns am Strand schwarze Füße, wovon auch immer. Wir machen einen Erkundungsgang durch die Gassen und lassen die Bazar-Atmosphäre auf uns wirken.

Es gibt Aschenbecher, bunt bemalte Gefäße, Rucksäcke, Vasen, Kleider, Teppiche und jede Menge mehr. Jeder will uns heute etwas verkaufen, denn morgen sind sie vielleicht schon weitergezogen.

Wir kaufen nichts. Heute wollen wir nur schauen. Wir essen im Hotel und lassen den Abend gemütlich ausklingen.

Der weise Wirt

10. Tag – Goa, Sonntag, 22. 2.

Die Zeit zwischen Frühstück und Abendessen verbringen wir am Pool. Am Abend speisen wir im Garten eines Restaurants außerhalb der Hotelanlage. Während wir auf das Essen warten, entdeckt eine Katze ihre Liebe zu Rudi. Sie genießt es, auf seinem Schoß zu sitzen und zu kuscheln. Ihre Pfoten liegen auf Rudis Hand, als wolle sie sagen: „Bleib so, ich fühle mich wohl.“ Rudi gibt ihr Hühnerfleisch und Streicheleinheiten.

Aus dem zum Kaffee gehörigen Milchkännchen schüttet er Milch auf den Boden, die das Kätzchen eifrig aufschleckt. Danach wirkt es satt und zufrieden.

Wir machen einen Lokalwechsel und trinken Bier bis in die frühen Morgenstunden. Rudi erzählt mir Erlebnisse von seinen frühen Jahren, von seinen wilden Zeiten, von seinem Leben.

Der Wirt der Gaststätte zeigt uns Fotos von Fredi aus Frauenkirchen. Fredi komme jedes Jahr nach Goa und bringe Wein mit.

Um Mitternacht läuft ein Schwein durch das Lokal. Es ist das Schwein des Hauswirtes. Es sei auf dem Weg nach Hause, erklärt uns jener. Es wohne im Garten hinter dem Restaurant mit anderen Schweinen. Das Schwein habe keinen Namen. Es heiße Schwein, erzählt er uns.

Wir sehen einen Frosch unter einem Tisch an der Wand. Der Frosch wohne auch hier, wird uns erklärt.

Wir erfahren die Lebenseinstellung des Wirtes bezüglich Freiheit. Hunde, Schweine, Frösche, Menschen – alle Lebewesen sollen sich frei bewegen und nicht eingesperrt sein. Es ist Platz genug auf dieser Welt für alle.

Er sagt, dass keine Kriege geführt würden, wenn alle Menschen darüber nachdenken würden. Europäer seien zu kopflastig. Sie machten sich viel Stress und viele Sorgen. Dies sei nicht notwendig.

Die Ansichten dieses Mannes, mit welcher inneren Ruhe und Gelassenheit er spricht, davon sind wir sehr berührt. Der Sinn seiner Worte entspricht einer gelebten Lebensphilosophie, wie sie in unseren Breiten kaum anzutreffen ist.

Rudi lebt diese Einstellung sogleich aus. Er kommt von der Toilette als Lebensretter einer Eidechse an den Tisch zurück.

Die Eidechse versuchte vergeblich, an der Klomuschel hochzuklettern, rutschte aber immer wieder ab. Rudi war zur rechten Zeit am rechten Ort. Ein Palmenblatt war für die Eidechse die Brücke zur Freiheit.

Wir hören das Schwein schreien. Dieses Schwein quietscht nicht einfach so. Es meldet, wenn Menschen vorbeigehen, erzählt uns der freundliche Wirt.

Um 4:00 Uhr morgens machen wir uns angeheitert und ausgelassen auf den Heimweg.

Die Annahme, das Hoteltor könnte bereits geschlossen sein, veranlasst uns nur zu einem weiteren Lachanfall. Wir lachen so sehr, dass uns die Tränen aus den Augen quellen.

Das Leben ist schön. Machen wir das Beste draus.

Zeitvertreibe

11. Tag – Goa, Montag, 23. 2.

Wir erscheinen zum Frühstück exakt eine Minute, bevor das Buffet abgeräumt wird. Das ist Timing.

Es folgt eine halbe Stunde Entspannung am Pool, als sich plötzlich der Bierdurst bemerkbar macht und wir uns in die Gaststätte des weisen Wirtes begeben. Während des Biergenusses erreicht uns der Duft frisch gebratenen Fisches. Wir sehen einander an. Wir haben den gleichen Gedanken. Wir bestellen Fisch.

Als wir uns nach dieser ausgezeichneten Mahlzeit auf die Straße begeben, kommen uns verkleidete singende und tanzende Kinder entgegen. Heute scheint ein Festtag zu sein.

Wir beschließen, kurz in ein Geschäft hineinzuschauen. Verlassen werden wir es erst nach einigen Stunden. Im Laden ist ruhige indische Musik zu hören. Es duftet angenehm nach Räucherstäbchen. Der Geschäftsinhaber serviert uns Tee, der aus Kaschmir kommt. Hier gibt es Teppiche, Schmuck, Figuren, bunte Gefäße, Bilderrahmen, Schachspiele, Tücher und vieles mehr zu sehen.

Während ich Ware begutachte, unterhält sich Rudi mit verschiedenen Menschen in englischer Sprache. Und das, obwohl er von sich selbst behauptet, kein Wort Englisch zu sprechen! In Indien beherrscht er es sogar sehr gut. Ich habe es selbst gehört. Wir trinken Tee. Wir handeln. Wir feilschen. Wir kaufen.

Ich erzähle dem Ladenbesitzer, dass mir die Musik gefällt, die aus seinem Kassettenrekorder ertönt und frage, ob es die Kassette hier zu kaufen gibt. Der Geschäftsinhaber teilt mir mit, dass er sie mir beschaffen würde und ich sie am Abend abholen könne.

Wieder zurück im Hotel begeben wir uns zum Pool und reden über dies und jenes. Die anderen Hotelgäste sind bereits angekleidet für das Abendessen. Wir sind anders. Bis zum Sonnenuntergang verbringen wir die Zeit am Pool. Kaffee trinkend – miteinander redend. Siddhartha lesend – miteinander schweigend.

Wir essen zu Abend. Wir kaufen Räucherstäbchen. Wir kaufen die Kassette mit der entspannenden indischen Musik. Wir gehen um 23:00 Uhr ins Bett.

Es gibt Menschen, die sind hektisch und unzufrieden. Ihnen fehlen innere Ruhe und Gelassenheit. Jeder sollte seiner Unzufriedenheit ein Ende machen und das Leben genießen. Die alltäglichen Gegebenheiten zu genießen ist eine Kunst, die es zu lernen gilt.

Erkenntnisse

12. Tag – Goa, Dienstag, 24. 2.

Nach dem Frühstück entspannen wir uns beim Sonnenbaden und Schwimmen. Ich höre mir mit meinem Walkman die Kassette mit der Aufnahme meiner Palmblattlesung an und beginne, den Text auf Englisch niederzuschreiben.

Mein Palmblatt ist wie für mich zusammengestellt. Es passt haargenau auf meine Denkweise und auf das, was ich tun will. Vielleicht schreibt sich jeder Mensch die Informationen seines Palmblattes selbst. Man kann diese Hypothese verstehen, wenn man den Faktor Zeit außer Acht lässt.

Zeit ist da, sie ist gegenwärtig in diesem Leben. Wir leben in ihr. Wir nehmen den Ablauf des Lebens und der Geschichte als Reihenfolge wahr.

Zeit ist eine Illusion in unserem Geist. Von anderer Dimension, von höherer Ebene betrachtet, Zeit als Illusion erkennend, geschieht alles immer. Alles ist gleich'zeitig'.

Wir sind erleuchtet. Wir sind angekommen. Es ist bereits alles erfüllt. Wir, in diesem Moment, sind uns dessen nur noch nicht bewusst.

Wir erfahren unser Leben als eine Abfolge von Geschehnissen: Geschehenes ist vorbei, Gegenwärtiges passiert, Zukünftiges wird kommen.

Von anderer Ebene aus betrachtet ist alles immer. Vergangenheit, Gegenwart, Zukunft sind immer. Wir betrachten dies nur von so niedriger Perspektive, dass wir es nicht erkennen, nicht erfassen können.

Und doch. Mancher fühlt, spürt, weiß, erkennt. Gedanken sind feinste Schwingungen. Bewusstsein, Bewusstwerdung sind feinste Schwingungen. Harmonie wird bewusst. Schwingungen werden spürbar. Fühlen, Spüren, Wissen, Kennen werden zum Faktum. Es manifestiert sich in der materiellen Welt als wahr, als Tatsache. Als Erkennen.

Wer es verstehen mag, wird es verstehen.

10 Millionen Menschen

13. Tag – Goa/Mumbai, Mittwoch, 25. 2.

Nach dem Frühstück erfolgt für uns der Transfer zum Flughafen.

Was gibt es generell über Goa zu sagen: Wir sahen Hunde, Katzen, Schweine, Frösche, Eidechsen. Alle frei lebend. Die Freundschaft zwischen Rudi und mir ist gut, echt und tiefsinnig.

Der Anflug über Mumbai ist unglaublich. Wohin wir auch blicken, sehen wir Armut und Baracken. In dieser Stadt gibt es keine Slums, wie man sie von anderswoher kennt – diese Stadt besteht zu einem großen Teil aus Slums. Die Hälfte der Bewohner lebt ohne Wasseranschluss und Kanalisation. In Mumbai – die Vororte nicht mitgezählt – leben etwa 10 Millionen Menschen. Zählt man die Stadtränder dazu, sind es ungefähr 14 Millionen Einwohner. In ganz Österreich leben 8 Millionen Menschen.

Am Flughafen angekommen besorgen wir uns einen Stadtplan und ab geht's mit dem Taxi ins Hotel. Es ist zwar nicht jenes, das wir gebucht haben, jedoch die gleiche Kategorie. Der Stil ist altenglisch. Die Zimmer sind groß und sauber.

In diesen Tagen in Mumbai werden wir aus dem Koffer leben. Auszupacken wäre Zeitverschwendung, denn wir wollen lieber die Stadt erkunden. Da es bereits dämmert, drehen wir nur eine Runde um den Block.

Wir leisten uns eine Cola in einem Lokal, wo das teuerste Essen in der Speisekarte mit umgerechnet 6 österreichischen Schilling angeführt ist. Als wir das Lokal verlassen, ist es stockfinster. Der Übergang von Tag auf Nacht erfolgt hier rasend schnell. Eigenartigerweise sind wir müde. Wir gehen schlafen.

Betrachtungen

14. Tag – Mumbai, Donnerstag, 26. 2.

Nach dem Frühstück gibt es für uns nur eines: Eintauchen in diese 14-Millionen-Einwohner-Stadt. Es gibt viel zu sehen. Gemüse- und Obstmärkte. Fixer, die auf dem Gehsteig sitzend ihre Spritzen füllen. Hunde, die mitten auf dem Gehsteig schlafen, ungestört, akzeptiert von jedermann. Man steigt ganz einfach über die Hunde oder geht um sie herum.

Wir spazieren vorbei an alten, hässlichen, schmutzigen, verwahrlosten Häusern, die tatsächlich bewohnt sind. Bei uns in Österreich wäre das unvorstellbar.

Wir gelangen zu einer riesigen Bucht. Wir sehen das Meer und den Strand. Heute biegen wir nach rechts ab. Unser Weg führt uns den Strand entlang. Wir bewundern die Skyline, die sich die ganze Bucht entlang zieht, und versuchen uns vorzustellen, wie es wohl zugehen mag mittendrin. Wir werden es erleben. Erstmal genießen wir Sonne, Strand, Meer.

Es gibt hier viele schmutzige, kleine, freundliche Kinder zu sehen.

Unter einem riesigen, ungewöhnlich aussehenden Baum trinken wir Sprite. Wir stehen inmitten von Menschen, die hier zu leben scheinen.

Sie hocken am Boden, schlafen, leben am Gehsteig. Als Behausung sind alte Fetzen aufgespannt oder auch nicht. Wir schenken ihnen Geld und Turnschuhe.

Ein Mann und ein Hund schlafen im Schatten eines waagerecht wachsenden Baumes. Sie haben gerade so viel Schatten, wie sie selber klein und schmal sind. Mehr wäre nicht notwendig.

Wir spazieren durch abgeschiedene Gassen. Dann schlendern wir durch die einzige Grünanlage, die wir in Mumbai finden können. Unser Weg führt uns weiter ins Getümmel der Großstadt.

Es scheint, als gäbe es hier Millionen von kleinen Geschäften und Werkstätten. Hier findet man Tischlereien, Schraubengeschäfte, Schlossereien, Seidenmärkte und vieles mehr.

An einem Marktstand, auf dem Musikkassetten aufgetürmt stehen, ertönt lebhafter indischer Gesang aus einem Rekorder. Die Musik gefällt mir, daher kaufe ich diese Kassette.

Wir beobachten. Wir staunen. Wir horchen. Wir sind neugierig. Wir nehmen alles in uns auf. Wir lassen uns durch Mumbai treiben. Wir lassen diese Stadt auf uns wirken. Wir verschmelzen mit dem Getümmel auf den Straßen. Wir sind mittendrin. Wir sind voll und ganz da. Wir sind die einzigen Europäer, soweit wir das erkennen können.

Vollends eingetaucht in diese Stadt gehen wir durch enge, finstere Gassen. Wir erblicken zwischen den Hausmauern dicke, fette, überaus wohlgenährte Ratten. Sie kommen bis zum Gehsteig hervor.

Ein Inder sitzt auf der Straße und verkauft seine Ware. Er trägt blütenweiße Kleidung. Er sieht gepflegt aus. Unmittelbar hinter ihm fließt ein Rinnsal die Gehsteigkante entlang. Eine trübe Brühe, stinkend. Ihn scheint es nicht zu stören. Warum auch? Dies alles ist Mumbai.

Die Frauen sind bunt gekleidet. Sie sitzen mit ihrem wenigen Hab und Gut auf den Gehsteigen und entlausen die Köpfe ihrer Kinder. Ein Mann geht die Straße entlang. Seine Hose besteht aus Fetzen. Wir sehen Menschen, die nur aus Haut und Knochen zu bestehen scheinen. Wir sehen Kinder, mager und schmutzig, bettelnd.

Der Anblick dieser Armut und dieser vielen Menschen ist so anders als alles, was wir bisher gesehen haben. Wir beobachten, dass diese Kinder untereinander ihre Krücken austauschen, um dadurch Mitleid zu erregen und Geld zu erbetteln.

Wer von uns würde nicht auch versuchen, auf jede nur erdenkliche Weise ein paar Münzen zu erhaschen, um Essen kaufen zu können?

Wir erreichen den Westbahnhof von Mumbai. Noch niemals in meinem Leben habe ich so viele Menschen gesehen wie hier, als die Eisenbahn lautstark tosend einfährt, stehen bleibt, und Menschenmassen aus dem Zug quellen. Es scheint kein Ende zu nehmen. An diesen Bahnsteigen wimmelt es wie in einem Bienenstock.

Es ist nun früher Abend und wir machen uns auf den Weg ins Hotel. Die Straßenkarte ist dabei nicht sehr hilfreich, denn es sind nur die ganz großen Straßen eingezeichnet. Die endlos vielen kleinen Gassen wurden ignoriert bei der Gestaltung dieser Straßenkarte.

Doch wir schaffen es auch so. Unsere Orientierung ist hervorragend. Jedoch ist es ein sehr weiter Weg und die Dunkelheit holt uns ein. Daher organisieren wir uns ein Taxi und lernen nun die Stoßzeit von Mumbai kennen.

Menschen leben ihre Leben. Manche erhaschen einen kurzen Blick über den Horizont hinaus. Gerade soviel, um ein Flackern wahrzunehmen.

Ein plötzliches Gefühl, ein spontanes Wissen, eine Weise des Verstehens erfüllt sie. Für eine Zeitlang sind sie in sich ruhend und fühlen sich wissend.

Armut

15. Tag – Mumbai, Freitag, 27. 2.

Wir betreten ein Gebäude, das von außen wie ein riesengroßer Palast aussieht. Es ist das schönste Bauwerk, das wir in Mumbai sehen. Von innen ist es der größte Bahnhof der Stadt. Es herrscht eine gute, interessante Atmosphäre hier. Wir inspizieren die Waggons von innen. Sie sind sehr spartanisch ausgestattet mit schmalen, harten Sitzbänken. Hier gibt es eigene Waggons, die nur für Frauen bestimmt sind. Auf dem Schild steht: „Ladys only. For all the twenty four hrs." Nur für Frauen. Für die ganzen 24 Stunden. Vor den Fenstern sind Gitter angebracht. Sicherheit hat viele Gesichter.

Draußen auf der Straße parkt das Motorrad eines Polizisten, das Rudis Aufmerksamkeit voll und ganz in Anspruch nimmt. Da ich weiß, was Rudi will, gehe ich auf den Polizisten zu, der sich mit seinen Kollegen unterhält. Ich frage ihn, ob es möglich ist, dass sich Rudi auf die Maschine setzt und ich ein Foto mache.

Die Faszination, die wir Europäer auf die indischen Menschen ausüben, ist phänomenal. Der Polizist stellt uns freudig sein Motorrad zur Verfügung. Rudi setzt sich darauf und während ich Fotos und Videoaufnahmen mache, platziert sich der indische Polizist hinter Rudi, um auch gefilmt zu werden. In der Zwischenzeit hat sich um uns ein Menschenauflauf gebildet. Man sieht ja nicht alle Tage einen Europäer, der auf dem Motorrad eines Polizisten sitzt.

An einem riesigen Kreisverkehr, in den unzählige Fahrbahnen münden, begegnen wir einem Mann, dessen Beine an den Oberschenkeln amputiert sind und der auf einem Brett mit Rädern sitzt. Wir schenken ihm umgerechnet 30 österreichische Schilling und setzen unseren Weg fort, um die viel befahrene mehrspurige Straße zu überqueren. Womit wir nicht rechnen, ist die Gegenleistung dieses Mannes.

Jener wirft sich mit seinem Rollbrett direkt vor uns auf die Straße, wodurch die Fahrzeuge anhalten müssen. Hinter ihm hergehend überqueren wir nun die Straße. Mit dieser Geste bezeugt er seine Dankbarkeit für unser Geldgeschenk.

Die Freude und das Leuchten in den Augen dieses Mannes werden mir für immer im Gedächtnis bleiben. Dieser Mensch hat das gegeben, was er kann. Er hat seine Möglichkeiten genutzt, um uns etwas zurückzugeben, was mehr, viel mehr zu schätzen ist als jedes Materielle, das man auf der Welt bekommen kann.

Rudi und ich setzen unseren Weg fort. In einer Pizzeria machen wir Mittagspause. Am Nachmittag wird von uns eine Toilette benötigt. Wir steuern deswegen ein Lokal an, bestellen erstmal Cola und bemerken dann, dass es hier keine Toilette gibt. Wieder auf der Straße denkt sich Rudi ein WC her. Auf einmal ist eines da. Das funktioniert wirklich. Es passiert einfach.

Die restlichen Stunden in der Stadt verbringen wir an der Strandpromenade. Auf einer Bank sitzend sprechen wir über Indien, über die Menschen, über uns. Wir sehen auf die Skyline von Mumbai und blicken auf das Meer hinaus.

Eine Frau nähert sich uns. In ihrem Arm trägt sie ein Baby, mit der anderen Hand hält sie die Hand eines kleinen Mädchens. Das kleine Baby – es ist auch ein Mädchen – trägt nicht einmal Unterwäsche, geschweige denn eine Windel. Alle drei sind sehr ärmlich gekleidet und schmutzig. Die Gesichter, Arme und Beine der Kinder sind voll von Krätze und Ausschlag.

Wir schenken ihnen unsere halbvolle Wasserflasche. Die Frau nimmt diese dankbar an und setzt das Baby auf den staubigen Boden. Sie gibt den beiden Mädchen Wasser zu trinken. Und während dies geschieht, macht sich das Baby an. Die Mutter holt aus einem Mistkübel einige Zeitungsblätter und will damit das Kind säubern.

Doch bevor es dazu kommt, drücke ich der Frau meinen gesamten Vorrat an Papiertaschentüchern in die Hand. Die Mutter tränkt die Taschentücher im Meer und reinigt damit ihr Baby. Die restlichen bewahrt sie auf, indem sie in ihren Sari einen Knoten macht, sodass sie nun eine Art Tasche hat. Wir schenken ihnen noch etwas Geld und sie ziehen weiter.

Diese Begegnung macht uns betroffen. Viele Menschen in Indien leben unter denselben Bedingungen wie diese Mutter mit ihren Kindern. Im Vergleich dazu führen die Einwohner unseres Landes ein übersättigtes Leben. Sie besitzen so vieles und sind trotzdem freudlos. Innere Zufriedenheit ist ein Ziel, das mir erstrebenswert zu sein scheint.

Für uns ist es Zeit für den Weg zum Flughafen. Wir geraten an einen korrekten Taxifahrer, der uns nicht übers Ohr hauen will, denn er verlangt einen fairen Preis. Es folgt eine Fahrt zu Mumbais Stoßzeit. Wir sind im Zeitplan, denn dies haben wir einkalkuliert.

Zum letzten Mal sehen wir nun diese alten grauen schmutzigen Häuser, die vielen Menschen, die

Armut. Dieser Anblick dauert die ganze Fahrt über bis zum Flughafen. Und diese Fahrt dauert sehr lang.

Wohin wir auch blicken, sehen wir endlos Baracken oder Unterkünfte, die aus Fetzen bestehen. Es wohnen dort Menschen, die ihr ganzes Leben direkt neben diesem mehrspurigen Highway verbringen. Ein Leben, das aus Armut, Schmutz, Ungeziefer, Abgasen und Straßenlärm besteht, der 24 Stunden lang zu hören ist. Tag für Tag.

Man muss es selbst gesehen haben, um sich dieses Ausmaß an Armut auch nur einigermaßen vorstellen zu können. Die Fahrzeuge kommen durch das große Verkehrsaufkommen immer wieder zum Stehen.

Man stelle sich einen mehrspurigen Highway vor, vollgestopft mit Fahrzeugen. Und mittendrin laufen Kinder umher, die während der Wartezeiten der Autos bettelnd an die Scheiben klopfen. Die Kinder sind schmutzig und voller Krätze. Wir geben ihnen unser restliches Geld, dann setzt sich der Verkehr schon wieder in Bewegung.

Am Flughafen angekommen, geben wir erstmal unser Gepäck auf. Danach sprechen wir lange über unsere Erlebnisse und teilen einander unsere Gedanken mit.

Während der Flüge von Mumbai nach Amsterdam und weiter nach Wien reden wir wenig. Ein Grund dafür ist, dass es Nacht ist und wir müde sind.

Ein anderer Grund ist, dass jeder von uns seinen Gedanken nachhängt. Mit diesen Flügen schließen wir eine Reise ab, die unser Leben bereichert hat.

Heilung

Ich hatte eine Wunde, wie ich sie im Leben nie mehr haben kann. Eine Wunde, die entstand, als Franz starb. Eine Wunde, die aus Liebe, Schmerz, Verlust, Vollkommenheit, Verstehen und Trauer bestand. Eine Wunde, die ich hegte und pflegte, auf dass sie sich niemals schließen sollte. Diese Wunde sollte offen bleiben.

Die Wunde ist nun geschlossen. Ich weiß noch nicht, was ich davon halten soll. Meine Seele hat all unsere Liebe und unsere gemeinsame Zeit in sich integriert und verarbeitet.

Die Wunde schloss sich in Bangalore. Dorthin führte mich mein Weg, um zu heilen. Diese Reise nach Indien zur Palmblattbibliothek gab meinem Leben eine neue Richtung.

Freundschaft

Rudi und ich sind Freunde, die einander ihre Gedanken und Lebensphilosophien mitteilen. Wenn ich mit ihm rede, spüre ich intensives gegenseitiges Verstehen. Was mich so fühlen lässt, ist, dass wir uns akzeptieren und respektieren. Es ist schön, einen solch guten Freund zu haben.

Diese Reise nach Indien, unser Gedankenaustausch und unsere Gespräche machten unsere Freundschaft tief und wertvoll. Wir erschufen aus einem Gedanken unsere Realität. Wir sind die Schöpfer unserer eigenen Wirklichkeit.

Das Ergebnis war eine faszinierende und interessante Zeit mit einem meiner besten Freunde dieses Lebens. Bei einer Freundschaft kommt es nicht darauf an, ob sie zwischen Frau und Mann besteht, sondern auf die Menschen, die sie empfinden.

Rudi und ich haben unsere Pläne durchgeführt.

Wir waren in Indien.

Wir waren in der Palmblattbibliothek.

Angekommen

Der Nachthimmel ist voller Sterne. Ich fühle mich nachdenklich, wissend, optimistisch, zuversichtlich, stark und unverwundbar. Wie schön es doch ist, dass ich diese Gefühle so sehr genießen kann. Ich spüre in mir das freie, schöne, wohltuende, richtige Leben. Die Schönheiten und Gegebenheiten zu genießen, ohne sie besitzen oder verändern zu wollen, ist ein Reichtum ohnegleichen.

Mein Leben hat den Sinn, den ich ihm gebe. Durch mein eigenes Wirken gestalte ich meine Zukunft. In mir selbst entdecke ich die Wahrheit.

Wer sich auf die Suche macht, der findet. Meine Reisen führten mich genau hierher, wo ich nun bin. Ich gehe meinen Weg. Es geht im Leben darum, die Herausforderungen des Lebens anzunehmen und daraus zu lernen, Entscheidungen zu treffen und sich weiterzuentwickeln.

Folgende Eigenschaften wünsche ich mir von einem Partner. Er soll freundlich, gelassen, liebevoll, treu, tolerant, zuverlässig, vertrauenswürdig und ehrlich sein. Außerdem soll er die Einstellung haben, dass alles, was wir wollen, auch möglich sei.

Für den, der es ist.
Wo bist du?
Ich weiß, es gibt dich!
Irgendwo ...
Irgendwann ...
Wenn der Zeitpunkt reif ist,
wird der Moment geboren...

Ich gehe in den Garten. Ich habe das Bedürfnis, meine Schuhe und Socken auszuziehen und barfuß im Schnee zu gehen. Ich spüre Erdverbundenheit, Natur, Schneeflocken, Stille, Ruhe.

Einige Tage später treffe ich Harald. Es wird sich herausstellen, dass er dieser Mensch ist.

November 1998

Der violette Anorak

Eine Frau verscheucht einen Bettler, der neben dem Eingang eines Lebensmittelgeschäftes auf dem Boden sitzt. Völlig verschreckt steht er auf. Ich signalisiere ihm, die Frau zu ignorieren. Er sieht armselig und krank aus. Nachdem ich meinen Einkauf erledigt habe, gebe ich ihm einen Geldschein. Es regnet, es ist kalt und windig. Der Bettler trägt eine dünne Jacke. Ich bringe meinen Einkauf nach Hause.

Einst sagte Franz, dass er seinen violetten Anorak einem Bettler schenken möchte. Bevor es damals dazu kam, starb Franz. Nun löse ich dies ein. Ich packe in einen Rucksack zwei Paar Socken, eine Haube, einen Schal, Kekse, Taschentücher, Äpfel, eine Flasche Wasser und bringe all dies mit dem violetten Anorak zum Bettler.

Manche Dinge brauchen eben Zeit.

Vielleicht war dieser Anorak für genau diesen Menschen bestimmt.

Rückblick

Es ist nun 20 Jahre her, dass Rudi und ich nach Indien reisten. Wir verfügten damals nicht über das Internet und besaßen kein Handy, denn diese Medien waren damals nicht gebräuchlich. Und da wir sie nicht kannten, fehlten sie uns nicht.

Wir hatten die Adresse der Palmblattbibliothek aus dem Buch „Zeitriss" von Johannes von Buttlar und das genügte uns. Wir hatten keinen Termin vereinbart.

Die Fotos, die wir von den vielen freundlichen Menschen in Indien knipsten, ließen wir damals in einem Fotogeschäft vervielfältigen und sendeten sie an alle uns mitgeteilten Adressen. Wir wissen nicht, ob die Bilder je dort ankamen.

Februar 2018

Gedanken zu den Palmblättern

Irgendwo existieren sie, die vergangenen und die zukünftigen Zeiten. Wir empfinden sie als vorbei oder noch nicht geschehen. Aus übergeordneter Perspektive sind sie alle präsent.

Irgendwo.

Danksagung

Ich danke meinem Mann Harald, der an mich und mein Buch glaubte und mir finanzielle Unterstützung zukommen ließ, die es mir erlaubte, die Zeit zu haben, um dieses Buch fertig zu stellen.